CAMINHOS
PARA UMA CONSCIÊNCIA MAIS ELEVADA

KEN O´DONNELL

CAMINHOS
PARA UMA CONSCIÊNCIA MAIS ELEVADA

Tradução de Débora Pita

Título Original: *Pathways to higher consciousness*
Edição original em inglês: Copyright © Editora Brahma Kumaris.
Edição em língua portuguesa para o Brasil: copyright © 2013 by Integrare Editora.

Todos os direitos reservados, incluindo o de reprodução sob quaisquer meios, que não pode ser realizada sem autorização por escrito da editora, exceto em caso de trechos breves citados em resenhas literárias.

Publisher
Maurício Machado

Supervisora editorial
Luciana M. Tiba

Assistente editorial
Deborah Mattos

Edição de texto e revisão
Letícia Carniello

Projeto gráfico de capa e de miolo / Diagramação
Nobreart Comunicação

11ª edição

Dados Internacionais de Catalogação na Publicação (CIP)
(Câmara Brasileira do Livro, SP, Brasil)

O'Donnell, Ken
  Caminhos para uma consciência mais elevada / Ken O'Donnell ; tradução Débora Pita. – São Paulo : Integrare Editora, 2013.

  Título original: Pathways to higher consciousness.
  ISBN 978-85-8211-041-6

  1. Autoconsciência 2. Filosofia antiga 3. Filosofia oriental 4. Índia 5. Meditação 6. Raja Ioga I. Título.

12-13896   CDD-181

Índices para catálogo sistemático:
1. Raja Ioga : Meditações : Filosofia antiga oriental 181

Todos os direitos reservados à
INTEGRARE EDITORA E LIVRARIA LTDA.
Rua Tabapuã, 1123, 7º andar, conj. 71-74
CEP 04533-014 – São Paulo – SP – Brasil
Tel. (55) (11) 3562-8590
Visite nosso site: www.integrareeditora.com.br

Sumário

PRIMEIRA PARTE
Introdução 09

Capítulo 1
Alma e Matéria 17

Capítulo 2
Pensamento e Consciência 51

Capítulo 3
Deus, a Conexão Perdida 79

Capítulo 4
Karma e *Yoga* 111

Epílogo
Síntese 135

SEGUNDA PARTE - EXERCÍCIOS
Introdução 145

Capítulo 1
Alma e Matéria 147

Capítulo 2
Pensamento e Consciência 157

Capítulo 3
Deus, a Conexão Perdida 167

Capítulo 4
Karma e *Yoga* 173

Capítulo 5
Virtudes – A Expressão do Inato 181

Capítulo 6
Poderes – Oito Passos para a Ação Efetiva 195

Conclusões 209

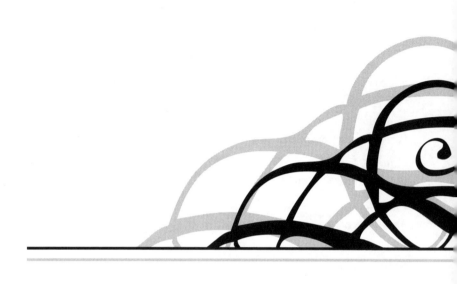
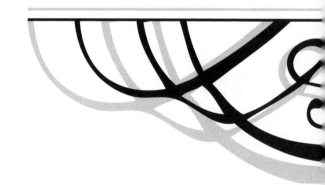

Primeira Parte

Introdução

Durante o último século ou mesmo nos últimos anos, temos testemunhado uma desintegração sem precedentes de muitos de nossos valores, sistemas, costumes e estruturas. Porém a desintegração de tantas coisas que nos são tão caras tem um lado positivo: ela faz com que reconsideremos nossa abordagem da vida. Nossos sistemas de apoio, muitas vezes de curta duração, não surtiram os efeitos esperados. Há um clamor sem paralelo por um entendimento mais profundo dos assuntos referentes ao espírito, como se disséssemos: é o suficiente, basta!

A busca de novos caminhos nos leva de volta a nós mesmos e às dimensões escondidas de uma consciência mais elevada. Já que os problemas ao nosso redor são os resultados de nossos atos, é um passo lógico querer examinar a semente da ação — nossa própria consciência. Esses outros aspectos da realidade podem ser descobertos pelo experimento prático dentro de nós mesmos.

Apesar de tanta beleza e inspiração das parábolas e exemplos de nossas tradições, as condições do mundo parecem estar piorando com o tempo. No nível individual, nossas vidas práticas raramente se equiparam aos nossos ensinamentos mais nobres.

Um número crescente de pessoas acredita que a meditação ajuda a superar as preocupações e o estresse da vida moderna e a obter uma tranquilidade que tanto refresca a mente quanto relaxa o corpo. Apesar de muitos verem a meditação como um meio de conseguir calma interna, seu significado mais amplo está relacionado ao autoempoderamento. Isso é adquirido por meio do entendimento e do manejo dos valores internos latentes. As experiências que formam a base conceitual deste livro têm ajudado milhares de pessoas, em todo o mundo e de todas as áreas da vida e formações religiosas, a descobrirem seu potencial mais profundo ao lidar com mudanças. Se uma palavra pudesse descrever esta época, ela seria *mudança*. A mudança chama desafios — olhar para si e para as situações em volta e descobrir como equilibrar esses dois mundos distintos e ainda assim interligados. Equilíbrio entre o espiritual e o físico é a única resposta válida para as demandas da vida moderna.

Isso envolve equilibrar razão e emoção de forma a dar rédeas aos meus sentimentos mais verdadeiros sob a direção da mão firme da sabedoria. Preciso estar ciente do que está acontecendo a minha volta sem perder a cabeça.

O pano de fundo deste livro

O primeiro contato que tive com os ensinamentos da Universidade Espiritual Mundial Brahma Kumaris foi em 1975 durante um período de intensa busca. Depois de ter viajado por muitos países e de uma experiência de primeira mão em algumas das maiores tradições do mundo, eu estava procurando por alguma coisa mais do que simplesmente respostas. Estava em busca de novos *insights* sobre minha relação comigo mesmo e com o mundo a minha volta.

Apesar da riqueza das diferentes experiências em locais como Tailândia, Índia, Irã, Marrocos e nas Europas Ocidental e Oriental, eu estava preso em meu próprio labirinto, do qual ansiava por sair. Fui muito bem-sucedido em trancar-me na prisão de minha própria cabeça.

Eu sabia que os místicos do budismo, cristianismo, hinduísmo, islamismo e judaísmo tinham-se baseado durante anos em técnicas de meditação para aprofundar a experiência espiritual. Minha maior dificuldade foi encontrar pessoas verdadeiras naquilo que pregavam. Queria muito partir em direção ao pico da montanha da consciência mais elevada, mas percebi que precisava de ajuda.

Não podia fazer isso sozinho.

Ao bater à porta da filial da Brahma Kumaris em Londres, fui saudado por uma mulher que irradiava tanto amor e luz que imediatamente fiquei intrigado e inspirado a começar o estudo dessa forma mais antiga de meditação e que, no entanto, é ainda moderna, chamada *Raja Yoga*. Fui aconselhado a fazer experiências com as ideias. Fui incentivado a colocar em prática, sempre que pudesse, aquelas que entendia e aceitava. Tendo meu estoque de palavras e ideias, estava simplesmente despreparado para estudar ainda um outro ramo de conhecimento e permanecer no mesmo nível teórico com o qual estava acostumado. Eu era um perito em impressionar os amigos com o que sabia das coisas do espírito, mas minha vida real estava muito confusa. A abordagem puramente prática que então descobri me atraiu profundamente. Desde essa época, tenho estudado e praticado *Raja Yoga*.

Sobre a Universidade Espiritual

A sede internacional da Universidade Espiritual Mundial Brahma Kumaris fica abrigada nas Montanhas Aravali, na cidade de Mount Abu, no noroeste da Índia. Seu nome popular é *Madhuban*, que significa "floresta de mel". A doçura, o desapego divino e a sabedoria que permeiam o local atraem alunos e visitantes de todo o mundo.

Nas suas 8500 filiais ou mais, em mais de 135 países, as atividades são gratuitas. O custo não é uma barreira para aqueles que desejam fazer os muitos cursos diferentes que são oferecidos. Os centros são mantidos por contribuições voluntárias dos beneficiários dos estudos.

A Universidade opera tanto individual quanto comunitariamente, dando uma contribuição valiosa em cursos e palestras relativos a vivências, desenvolvimento de potencial interno e pensamento positivo. Para o indivíduo, o tema central é o estudo e a prática da meditação *Raja Yoga*, que é um método para ativar nossas qualidades espirituais internas, de forma que a mudança pessoal possa tornar-se uma experiência real.

Para os alunos regulares, a Universidade divide os estudos em quatro áreas principais: o conhecimento dos aspectos internos e externos da vida humana; a prática da meditação; a assimilação consciente de características comportamentais de qualidade e o serviço à comunidade em geral.

Para a comunidade, muitos projetos são conduzidos. Eles objetivam melhorar a consciência da responsabilidade pessoal, ajudando a resolver problemas sociais de larga escala como a falta de educação e saúde adequadas, o desequilíbrio ambiental, a desarmonia familiar, o uso de drogas e o desrespeito aos direitos humanos.

Em reconhecimento por seu trabalho nas comunidades do mundo, as Nações Unidas filiaram a Universidade, em 1980, como uma organização não governamental com *status* consultivo no rol do Conselho Econômico e Social da ONU (em 1983) e no Unicef (em 1987). Naquele ano, a Universidade recebeu das Nações Unidas o título de Organização Mensageiros da Paz por seu trabalho em educação para a paz mundial. Ela coordenou vários projetos internacionais, inclusive "Milhão de Minutos de Paz" e "Cooperação Global para um Mundo Melhor".

Sobre este livro

Este livro é baseado nos ensinamentos que vieram durante muitos anos por intermédio do fundador da Universidade, Prajapita Brahma, e de aulas de seus professores sêniores. Há também as minhas experiências pessoais com a *Raja Yoga* a partir de 1975. Os capítulos refletem a sequência do curso introdutório sobre a meditação *Raja Yoga*, que é a base para aqueles que desejam tornar-se alunos regulares.

Não importa qual tenha sido sua experiência de meditação; se você estudar *Raja Yoga* com sinceridade e com a mente aberta, os benefícios serão imediatos. A meditação *Raja Yoga* não requer crença, mas chama para a experiência. Se o aluno comparar imparcialmente as ideias aqui contidas com seu próprio pensamento, então o que for sentido como útil pode ser aplicado diretamente na vida prática. Isso pode dar força e clareza para atacar conceitos mais profundos. O objetivo não é converter ninguém, mas enriquecer vidas.

Sobre a meditação *Raja Yoga*

Raja Yoga é a arte de viver em equilíbrio — de ser feliz e pacífico, de conhecer e amar a si e aos outros num nível mais profundo e espiritual. Trata-se de uma prática essencialmente espiritual, que tem suas raízes na Antiguidade e cuja validade, ainda assim, é confirmada nos atuais redemoinhos pessoais do dia a dia de muitas pessoas.

Assim como existem formas de *yoga* que buscam melhorar o tônus muscular e a mobilidade do corpo físico, *Raja Yoga* lida com organização, transformação e fortalecimento internos das faculdades de pensamento, decisão e traços de personalidade mais sutis.

A utilidade dessa prática mais sutil é experimentada especialmente na facilidade com a qual ajuda a lidar com as situações adversas. O desenvolvimento de pontos fortes do caráter e a superação de fraquezas são provas constantes de que realmente é possível ser muito melhor e mais eficiente do que se imaginava antes.

Tenho de lidar com muitas coisas na vida para as quais minha educação formal talvez não me tenha preparado. Numa atmosfera pacífica, posso estar feliz e ter determinação suficiente para seguir em frente, mas quando o caminho é árduo talvez não haja poder suficiente para enfrentar, adaptar e mudar. A menos que eu tenha acesso a meus recursos internos, o entendimento, apenas, não vai me ajudar.

A palavra "*yoga*" tem uma raiz sânscrita, que significa "ligação" ou "conexão". Nesse sentido, se me lembro de alguma coisa ou de alguém, posso dizer que estou tendo *yoga* com aquele objeto ou pessoa. A palavra "*raja*" significa "soberano" ou "rei". De todas as coisas de que eu possa me lembrar ou pensar a respeito, a mais elevada ou soberana é definitivamente Deus. Assim, a *Raja Yoga* refere-se à ligação mental entre a alma humana e o Ser Supremo ou Deus, que gera soberania ou mestria sobre os sentidos físicos e sobre meus pensamentos, palavras e ações.

Em outras palavras, a meditação *Raja Yoga* é um processo de dois passos:

1. Acabar com a dispersão de muitos pensamentos ao concentrar-me no ser interior.

2. Depois de estabilizar os pensamentos, posso fazer a conexão com o Ser Supremo e começar a absorver a energia espiritual ilimitada que emana Dele.

É um esforço muito pessoal, já que acontece no nível do ser interior. Assim, pode ser praticado por pessoas de qualquer convicção religiosa e até por aqueles sem nenhuma. Afinal de contas, antes de ser um cristão, budista, judeu ou muçulmano, sou simplesmente um ser. A meditação *Raja Yoga* opera no nível do ser e de seu relacionamento com Deus.

Uma das raízes possíveis da palavra "meditar" está no latim *medire*, que significa "curar". Todo o processo da meditação *Raja Yoga* é uma cura interna que envolve a aquisição de poder para abandonar tudo o que seja negativo na constituição do ser.

Também significa "ser capaz de se conhecer e de dialogar consigo mesmo". Com uma autoapreciação mais profunda, obtenho a coragem de eliminar as fraquezas sem culpa nem arrependimento. No silêncio, sou capaz de falar com o ser interno e desenvolver uma ligação com o Ser Supremo para me curar. Não existe nenhuma fórmula mágica que possa produzir calma mental. É um passo a passo com três requisitos básicos: entendimento do conhecimento espiritual, prática desse entendimento por meio da meditação e paciência para esperar que os resultados fiquem aparentes.

Boa sorte em sua jornada!

Ken O'Donnell, Sydney, 1996

Capítulo 1
ALMA E MATÉRIA

Entrar na dimensão do espírito é um processo muito sutil, principalmente quando a mente está trancada numa visão da realidade que exclui a eternidade. A matéria, os sentidos e as coisas de interesse imediato tem tal domínio sobre os pensamentos que a própria natureza da existência torna-se distorcida. Vejo o mundo não como ele é, mas como eu sou.

Minha vida gira dentro de limites, distinções e desejos estreitos à medida que faço o jogo de rotular-me e rotular os outros com base nas características puramente físicas. Classifico o mundo de acordo com sexo, raça, credo, nação, idade e posição social, e coloco todos dentro de sua pasta no meu arquivo interno.

Devido a tais classificações, surge conflito dentro de mim e a minha volta à medida que busco defender o território assim estabelecido — seja ele um papel, um trabalho, uma posição na sociedade, o nome da família ou uma nação. "Que ninguém transpasse meu território" é uma placa não verbalizada plantada em meu coração.

Retirar os óculos do que pode ser chamado de consciência do corpo, por intermédio da qual vejo e julgo o mundo ao meu redor, requer algum esforço. Experimentar o eu em sua luz verdadeira requer um entendimento detalhado dos termos e processos usados. Mas o próprio ato de dar tal passo abre uma perspectiva totalmente nova de ver e reagir ao mundo a minha volta.

Com insight *sobre a natureza verdadeira das coisas, a mesma vida que estou levando em termos de trabalho, família e lazer torna-se o trampolim de minha transformação.*

Abandonar a consciência dos limites deste corpo físico e experimentar o eu interior ou a alma é a essência da Raja Yoga.

Distúrbio e tensão no nível individual — e consequentemente no nível social — são o resultado da ignorância dos processos do eu e do mundo em volta. A mente fica sem descanso, agitando-se e pensando sem meta, açoitada por ondas de sentimentos e emoções. Como uma aranha presa em sua própria teia, fico enredado nas teias que são consequência de minha própria ignorância dos fundamentos da vida.

Neste capítulo, começo uma jornada que me levará a níveis cada vez mais profundos de entendimento e de experiência, os quais dão liberdade a quem está preso nas teias. Este capítulo aborda:

- a diferença entre alma e matéria — o ser metafísico e o corpo físico;
- a diferença entre *eu* e *meu*;
- a posição, a forma e os atributos da alma;
- os primeiros passos na meditação.

Na vida, muitos acontecimentos não podem ser explicados apenas em termos materiais. Em certos momentos de crise ou inspiração, existem experiências emocionais e espirituais profundas que me separam do mundo ao redor. Nessas ocasiões, refugio-me dentro de mim e leio livros religiosos ou filosóficos sobre rituais ou símbolos, a fim de entender tais experiências. Além disso, sujeito-me a uma constante crítica da vida ao meu redor a partir de meus próprios pensamentos, sentimentos e deduções.

Essas faculdades de pensar e formar ideias, de desejos e de decisão (e todos os aspectos diferentes que constituem minha personalidade) não são físicas e, ainda assim, são reais. De fato, qualquer coisa que eu possa perceber vem de duas fontes: o que é detectado pelos sentidos físicos e o que surge de impressões gravadas nessas faculdades sutis. As coisas que consigo ver, degustar, ouvir, cheirar, bem como meu próprio corpo, são formadas de matéria. Mas as faculdades sutis da mente, do intelecto e da personalidade são manifestações do que é chamado de energia da consciência.

Essa energia consciente é também chamada de alma ou espírito. A alma é a entidade sutil que não pode ser medida por nenhum processo nem instrumento físico. A parte não material de cada um de nós existe e, na realidade, ela é o ser verdadeiro ou o que simplesmente chamamos de "eu". Esse eu ou alma só é perceptível no nível da mente e do intelecto.

Átomo e *Atma*

Ao longo da História, os cientistas edificaram muito do conhecimento das leis do universo físico sobre as bases da teoria atômica. O átomo é tido como o ponto-fonte de energia. Níveis diferentes de energia e vibrações entre os átomos vizinhos dão a aparência de forma, cor e calor. A teoria atômica apareceu originalmente na Grécia e na Índia.

A palavra em português "átomo" veio do grego *atomos*, que significa *piscar de olho*, e do latim *atomus*, que significa *indivisível*. A palavra grega provavelmente é derivada da palavra hindi *atma*, que significa "eu" ou "alma" e refere-se à energia consciente do ser humano como um ponto indivisível e indestrutível de luz não física.

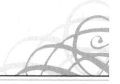

> Quando começo a jornada em direção à verdade
> e escalo a montanha do autorrespeito, não importa
> quão longe eu me leve, estou retornando a mim.
> Experiência e visão interior favorecendo
> tempo e circunstância.
> Encontrando crescimento em coisas pequenas,
> aprendendo como ser.
> Amor desobrigado por máscaras despedaçadas
> abre portas dentro do ser.
> Nada vem para romper o elo.
> Ele me traz de volta a mim.

Ficou estabelecido que o mundo material inteiro, que vejo a minha volta como uma variedade de formas e cores, luz e calor, é formado por esses pontos-fonte de energia física. A mais bonita cena da natureza é apenas um arranjo de ondas de energia e de vibrações.

Os órgãos dos sentidos selecionam essas vibrações e transmitem uma mensagem para a mente, onde todas as imagens são formadas. Os olhos veem alguns desses arranjos como formas de luz e cores, o nariz recebe odores e sabores, e sensações são detectadas e transmitidas para a mente.

O corpo humano também é um arranjo complexo de energias físicas. Os átomos se reúnem para criar as estruturas orgânicas e os minerais inorgânicos que realizam as interações químicas do corpo, formando assim a base do controle hormonal e nervoso desse corpo.

O que vejo como velho ou jovem, feio ou bonito, masculino ou feminino também é o efeito desses níveis diferenciados de energias físicas. Independentemente de quão maravilhosa possa ser a máquina do corpo, é a presença da alma que faz com que ela funcione.

Uma das diferenças básicas entre almas e átomos é o fato de que as almas podem escolher seus movimentos, aonde e quando ir, ao passo que os átomos não podem, obviamente, fazer isso. De certo modo, poderíamos dizer que uma alma, ao contrário dos átomos, é um ponto-fonte de energia espiritual que tem a percepção de sua própria existência.

Definições

A palavra *atma* tem três significados específicos: eu, o ser vivo e o habitante. Dentro dessa única palavra obtemos um *insight* dos diferentes aspectos do eu: eu, o ser vivo, sou um habitante desse corpo físico.

A resposta à pergunta "quem sou eu" torna-se clara. Sou uma alma, o ser interno vivo e inteligente. Habito e dou vida ao corpo. O corpo é o meio pelo qual eu, a alma, me expresso e experimento o mundo a minha volta. Em vez de responder à pergunta com relação a minha identidade dando o nome do corpo, sua ocupação laboral, nacionalidade ou sexo, o eu interno real simplesmente diz: "Eu sou uma alma, eu tenho um corpo". As diferenças básicas são mostradas no quadro a seguir.

Diferenças entre a alma e o corpo

Imortal	Mortal
Eterna, sem começo nem fim	Nasce e morre
Metafísico	Físico
Ilimitado	Limitado
Energia Consciente Pura	Feito de matéria

Adaptado de uma gravura do século XIV

O vivo e o morto

A tabela anterior mostra distinções simples, mas suas implicações são bem abrangentes. As diferenças ficam mais claras quando comparamos um cadáver com um corpo vivo.

Quando a alma deixa o corpo, não é apenas o corpo que morre; é como se todas as conexões com o mundo daquele indivíduo fossem simplesmente desligadas.

Não apenas os relacionamentos, mas todos os planos, projetos e desejos específicos de repente não têm mais os meios pelos quais podiam ser expressos ou cultivados.

As faculdades de pensar e de decidir, e os traços de personalidade conectados com a vida que está sendo deixada para trás param e entram num estado momentâneo de latência para surgir novamente num corpo novo, numa vida nova.

Todas as coisas materiais que pertenciam àquele indivíduo específico são passadas para outras pessoas ou simplesmente abandonadas. É interessante notar que, mesmo quando está doente, o corpo só pode ser tratado quando a alma ainda está presente.

Se tirarmos a alma, não sobra ninguém para tomar conta do corpo.

Por outro lado, o corpo é um veículo realmente maravilhoso para a alma expressar-se.

Nenhuma máquina fabricada poderia jamais competir com ele.

Por exemplo, calcule-se o fato de que, em apenas um dia, o cérebro é capaz de completar cem vezes mais conexões do que os sistemas de telecomunicações do planeta inteiro juntos.

Compare-se o olho humano com qualquer câmara ou o coração com qualquer bomba fabricada.

A importância do corpo não pode ser depreciada.

A alma não é masculina nem feminina

Como uma energia, a alma tem dentro de si qualidades que são tanto masculinas quanto femininas. Apesar de a alma ser, sem dúvida, afetada pelo sexo de seu corpo na forma de condicionamentos e influências sociais, esses aspectos são relativamente superficiais. O *eu* verdadeiro não tem gênero.

Os egípcios da Antiguidade tinham arraigada consciência dessa verdade profunda, mostrada no seguinte trecho de uma conversa registrada no *Livro Egípcio dos Mortos*, entre Isis e seu filho Hórus:

Hórus: *Como as almas nascem, masculinas ou femininas?*
Isis: *As almas, meu filho Hórus, são iguais por natureza... Não existe ninguém entre elas, seja homem, seja mulher. Essa distinção só existe entre os corpos, e não entre os seres incorpóreos.*

Sinônimos de alma

As seguintes palavras e expressões são essencialmente sinônimos da palavra "alma":

- espírito
- ser
- consciência
- *anima/animus*
- energia vital
- essência
- eu

Diferenças entre "eu" e "meu"

As duas palavras mais comuns na maioria das línguas são, provavelmente, *eu* e *meu*. Nossos mundos pessoais giram quase exclusivamente ao redor delas. É preciso entender suas implicações mais profundas se quisermos delinear novamente nossos limites.

Normalmente, uso a palavra *meu* para referir-me a todas as coisas que não são *eu* — minha mão, meu rosto, minha perna ou até meu cérebro, minha mente, minha personalidade, e assim por diante. Da próxima vez que eu disser *minha alma*, talvez me lembre de que realmente não posso dizer *minha alma*, pois *eu sou* uma alma. A diferença entre *eu* e *meu* é a mesma que existe entre alma e corpo.

O exemplo de uma faca ilustra isso. Posso usá-la para cortar um tomate ou para apunhalar alguém. A faca nem decide nem experimenta e pode ser lavada facilmente debaixo de uma torneira. É fácil perceber que a faca é um instrumento, mas é mais

ALMA E MATÉRIA

difícil perceber que os dedos são um instrumento também, e não apenas os dedos como também os braços.

As pernas são instrumentos para andar, os olhos para ver, os ouvidos para ouvir, a boca para falar, respirar e saborear, o coração, para bombear alimento e oxigênio para o corpo, e assim por diante. Mesmo o cérebro é como um computador usado para expressar todos os programas de pensamentos, palavras e ações pelo corpo e para experimentar os resultados. Se cada parte física do corpo é um instrumento, quem ou o que o está usando?

Muito simples: sou eu, o ser, a alma. A alma usa a palavra *eu* para si e a palavra *meu* para se referir ao corpo: *minha* mão, *minha* boca, *meu* cérebro. *Eu* sou diferente de *meu* corpo.

Experiência pessoal

Quando me sentei, tentei pensar em mim como um ser espiritual, um ponto-fonte de energia consciente centrado na testa. Depois de alguns minutos, fui tomando consciência de que minha atenção estava abandonando os vários membros e órgãos do corpo. Era como se houvesse uma torrente de energia subindo vagarosamente, como o mercúrio num termômetro, em direção à área central, entre as sobrancelhas. Então, de repente, tive a sensação de que estava totalmente sem corpo, sem nenhum peso nem carga. Houve um sentimento profundo de desapego do ambiente físico. Mesmo que estivesse muito consciente das coisas ao redor, eu as via num completo estado de observador. Eu era simplesmente um minúsculo ponto de consciência rodeado por muito movimento, formas, cores e sons dos quais não fazia parte.

Por meio da consciência de *meu*, expandi-me muito longe — não apenas com relação ao corpo e às faculdades internas, mas com relação às posses e relacionamentos: *minha* casa, *meu* carro, *meu* filho etc. Com o tempo, todos, todos esses *meus* que tento agarrar escapam de meus dedos. Percebo sua natureza efêmera e, por falta de alternativas disponíveis, tento me agarrar a essas coisas ainda mais e, assim, desenvolvo apegos e dependências. Enquanto essa identificação persiste, minhas qualidades inatas (isto é, o que é realmente meu) estão fora de alcance. Quando assumo minha verdadeira identidade como um ser espiritual, imediatamente recebo também acesso ao amor, à paz, à felicidade e ao poder que fazem parte de mim.

Uma lista de todos os fatores que me criam limites provavelmente incluiria itens como idade, sexo, saúde, família, profissão, defeitos e fraquezas. Ao reivindicar direito de posse de tudo isso, por meio da palavra *meu*, estabeleço os limites dentro dos quais tento operar minha vida. Tendo estabelecido minhas próprias cercas, sempre que a tristeza aparece, um desses fatores torna-se automaticamente o bode expiatório.

Em vez de apontar o dedo numa forma de acusação ou queixa, posso adotar uma abordagem mais positiva. Posso ser mais realista e aceitá-los não como fatores limitantes, mas como instrumentos que podem ajudar-me a melhorar minha experiência de vida. Essa mesma lista pode ser o trampolim de minha transformação e liberdade.

Posso fazer uso total do estado ou da energia da juventude, de acordo com o caso. Posso tirar vantagem das características positivas de meu sexo, mesmo apreciando as características do sexo oposto. Minha família e vida profissional podem ser experimentadas num outro nível mais elevado. Posso descobrir por meio de fraquezas e defeitos o quanto tenho de aprender sobre mim mesmo. O problema não está na lista de fatores, mas na consciência que tenho deles. É uma questão de duas palavras: *eu* e *meu*.

Alma — posição, forma e atributos

As dualidades matéria/antimatéria, sensível/não sensível, físico/espiritual podem ser facilmente entendidas pelo conhecimento do mecanismo com o qual a consciência humana opera através do corpo. A alma tem três funções básicas para desempenhar: dar e manter a vida, expressar e experimentar sua própria vida singular e receber as recompensas ou os frutos das ações passadas desempenhadas em existências anteriores[1].

Posição

Quando olho num espelho, não vejo meu reflexo, mas o de meu corpo. De fato, a alma está olhando através das janelas dos olhos de algum ponto dentro da cabeça. As funções sensitivas são controladas e monitoradas por meio dos sistemas nervoso e hormonal de um ponto específico na área do cérebro que aloja as glândulas do tálamo, hipotálamo, pituitária e pineal. Essa região é conhecida como o assento da alma ou o *terceiro olho*. A conexão entre o físico e o não físico ocorre por intermédio da energia do pensamento. Quando vista de frente, essa região parece estar um pouquinho acima da linha das sobrancelhas, entre elas.

Muitas religiões, filosofias e estudos esotéricos dão grande importância ao terceiro olho ou olho da mente. Os hindus usam um *tilak*, um ponto vermelho ou pasta de sândalo no centro da testa. Os cristãos também fazem o sinal-da-cruz pondo o polegar nessa região. Os muçulmanos também tocam esse ponto em saudação tradicional. Quando alguém de qualquer cultura faz um erro tolo, intuitivamente leva a mão para o meio da testa. Afinal de contas, não é o corpo que comete o erro, mas o ser pensante

---
[1] Veja Capítulo 4

que está operando o corpo de um ponto específico. Já que o cérebro é o centro de controle de todos os processos do corpo — metabolismo, os sistemas nervoso, endócrino, imunológico e linfático —, faz sentido que a pessoa interior esteja alojada em algum lugar do cérebro.

Assim como o motorista acomoda-se atrás do volante, segurando-o com as mãos, a alma "assenta-se" num ponto específico do centro do cérebro, próximo ao corpo pineal. Isso é importante para os propósitos da meditação, pois esse é o local para onde a atenção é primeiramente direcionada no esforço de concentrar os pensamentos: eu sou a alma, um foco minúsculo de energia-luz consciente, centrado no ponto entre as sobrancelhas.

Quando dizemos "sinto algo bem aqui", pondo a mão sobre o coração, nem sempre nos referimos a alguma coisa dentro do peito. O coração físico é simplesmente uma bomba do sangue incrivelmente sofisticada. Ele pode até ser transplantado! Porém, dentro do *eu* real, o ser vivo e pensante, existe um centro de emoções, humores e sentimentos.

As sensações que muito obviamente sinto no corpo devem-se à total interligação que existe entre a alma e a matéria que ela está habitando. Por exemplo, quando estou com medo de um cão, o sistema inteiro é ativado. Do centro de controle, no meio do cérebro, a alma envia mensagens para todo o corpo. A adrenalina é liberada para dar força extra aos músculos. O coração começa a bater mais depressa, a respiração torna-se mais rápida e as palmas das mãos ficam úmidas. Pode parecer que todos os órgãos têm sensibilidade e sistemas emocionais autônomos, mas a operação inteira dura tão pouco — uma fração de segundo — que nem percebo a coordenação das sensações e as respostas da alma a partir de sua própria cabine especial de pilotagem, no centro do cérebro. Dessa forma, se sinto algo em meu coração por causa de alguma coisa ou de alguém, aquilo está realmente sendo processado por mim, o ser pensante, para depois refletir em meu coração.

Experiência pessoal

No IV Congresso Brasileiro sobre Qualidade e Produtividade, em 1994, fui agendado para as 18 horas do terceiro dia. Às 17 horas e trinta minutos caminhei para o auditório e descobri que mais de um terço dos oitocentos participantes estava cochilando depois de três dias inteiros ouvindo. Diante do Centro de Convenções, havia o Mercado Municipal, para onde eu tive a ideia de ir comprar um coco. Caminhei com meu coco até o palco, peguei o microfone depois das apresentações e me dirigi à plateia: "Se vocês fossem crianças do norte da Escandinávia", perguntei-lhes, "o que vocês achariam deste coco? Nunca tendo visto um em suas vidas, provavelmente vocês não acreditariam em mim se eu lhes dissesse que ele tem uma polpa branca muito saborosa e um líquido interno. Vendo esses pelos por fora, vocês provavelmente zombariam de minha sugestão. Para mostrar-lhes eu teria de quebrá-lo". Foi exatamente isso que fiz, na beirada do palco. Certamente o público ficou alerta enquanto esperava por uma explicação. Como indivíduo, eu sou como o coco. A casca dura e cheia de pelos do ego me impede de perceber que dentro de mim existe um âmago suave de qualidades internas que são as fontes verdadeiras de sustentação para mim e para meus relacionamentos. A casca não consegue sustentar ninguém.

Forma

Todas as características presentes na alma são sutis ou não dimensionáveis por natureza — pensamentos, sentimentos, emoções, poder de tomar decisões, traços de personalidade, e assim por diante. Se essas características são todas sem tamanho, então é razoável concluir que a energia consciente da qual elas surgem também não tenha tamanho. Por essa simples razão, ela é eterna. Uma coisa que não tem tamanho físico não pode ser destruída.

Como uma alma, não estou difuso pelo corpo todo nem sou uma duplicata invisível e etérea do corpo físico. Mesmo que essa forma sutil exista, ela é o efeito da alma que habita a forma física, e não a alma em si. Assim como o Sol está em um ponto e ainda assim irradia luz por todo o sistema solar, a alma está num local e sua energia permeia o corpo inteiro.

Qualidades inatas da alma

Tudo o que vejo tem o que pode ser chamado de valor adquirido e valor inato ou inerente. O valor adquirido é aquele que foi assimilado diretamente por associação durante a existência. O valor inato é o que sempre é, independentemente da aparência. Por exemplo, o valor adquirido do ouro muda com as oscilações do mercado. Seu valor real ou inato prende-se ao fato de ser um dos minerais mais bonitos. Ele é extremamente dúctil e maleável, por exemplo.

Se me perguntassem quais são as qualidades principais presentes num relacionamento harmonioso com alguém, eu poderia imediatamente responder: amor, paciência, tolerância, entendimento, empatia e assim por diante. Como sei disso? Será puramente pela experiência? Posso me lembrar de realmente ter experimentado completa e constantemente alguma dessas qualidades em algum relacionamento? Provavelmente não. Nesse caso, de onde vem essa ânsia pelo certo senão de um sentido inato do que é correto ou bom?

Como posso julgar ou perceber o nível de paz, amor ou felicidade de uma situação senão por uma projeção dessas mesmas qualidades que estão dentro de mim? É como se elas se juntassem como uma régua sutil para medir o que acontece a minha volta de forma que os ajustes internos necessários possam ser feitos de acordo com a situação. Se é bom ou ruim, pacífico ou confuso, minhas próprias qualidades inatas pelo menos me aconselham sobre o que está acontecendo.

O problema é que elas estão em estado latente e não se traduzem muito facilmente em ação. Apesar de essas qualidades serem a base de meus ideais, quando estou enfraquecido sou incapaz de aplicá-las deliberadamente de acordo com as exigências do momento. Elas precisam ser fortalecidas.

Assim, um dos benefícios mais imediatos na prática da meditação é melhorar o funcionamento desse medidor interno. Minhas qualidades inatas estão simplesmente esperando uma chance de se manifestar. Como uma lâmpada sem corrente, a possibilidade de acender minhas qualidades existe, mas elas precisam ser conectadas com uma fonte de força. Isso é exatamente o que a meditação faz.

Os atributos inatos são propriedades imutáveis. É impossível retirar o azul do céu ou a doçura do mel. O azul e o doce fazem parte da constituição imutável do céu e do mel.

Do mesmo modo, independentemente do que eu me tenha tornado como ser, meus atributos inatos profundos ainda são os mesmos que sempre existiram em mim. É o meu âmago interior de qualidade que, de fato, me inspira a buscar o ideal em tudo o que faço. O impulso de buscar e de sonhar vem de minha própria reserva de atributos inatos, que só está esperando para ser descoberta e trazida para a atividade prática.

As qualidades inatas da alma são fundamentais. Elas são tão básicas que constituem o alicerce de todas as virtudes e poderes.

- Paz
- Pureza
- Poder
- Equilíbrio
- Verdade
- Felicidade
- Amor

Elas são como as cores primárias, e as virtudes são as secundárias.

Assim como o verde é feito da junção entre o azul e o amarelo, as virtudes, como paciência, tolerância, coragem, doçura e assim por diante, são a combinação dessas qualidades básicas. Alguns exemplos:

- Paciência — paz, amor e poder
- Coragem — poder e verdade
- Discernimento — verdade, paz e equilíbrio

O objetivo da meditação *Raja Yoga* é fortalecer meus próprios atributos inatos de forma que meu comportamento possa ser naturalmente virtuoso.

As faculdades internas da alma

O corpo consiste de muitos órgãos e membros para locomover-se e existir no mundo físico. Da mesma forma, a alma tem as qualidades sutis do poder do pensamento (mente), poder do raciocínio (intelecto) e sua própria personalidade singular para administrar o mundo interno de pensamentos, sentimentos, decisões e hábitos.

O entendimento de como eles funcionam e interagem ajuda-me imensamente a colocar meu mundo pessoal em ordem. Para consertar uma máquina, é bom saber como ela funciona. Do mesmo modo, se compreendo o funcionamento de meus processos internos de pensar, decidir e realizar, posso começar a consertar-me. A alma se expressa por meio da mente (pensamentos, desejos, sentimentos), do intelecto (força de vontade — que discerne e julga) e dos *sanskars*[2] (traços de personalidade, hábitos etc.). Qual é a importância de cada faculdade?

Mente

Se quero mudar minha vida, preciso mudar minhas ações, e para isso tenho de alterar meu pensamento. Portanto, preciso saber exatamente como e por que os pensamentos surgem.

A alma usa a mente como uma tela ou campo no qual projeta pensamentos, sensações, imagens e ideias. De acordo com o impacto que estes causam, cria-se uma experiência, um sentimento ou uma emoção. Por exemplo, se penso em banana, imediatamente a imagem curva e amarela da fruta aparece em minha tela mental, talvez junto com a sensação do sabor e da textura. Se me lembro de algo abstrato, como da irresponsabilidade de um colega, isso me traz um sentimento negativo, talvez relacionado com algo que eu não trabalhei o bastante em mim mesmo.

Basicamente, o que acontece é que a mente tem a capacidade surpreendente de assumir a forma de tudo aquilo em que pensa, em qualquer momento, e de extrair um sentimento da qualidade que vem com a forma. Nada poderia ser um incentivo maior ao pensamento positivo do que esse simples fato. Se quero me sentir

---
[2] Decidi manter a palavra *sanskar* em seu hindi original, pois sua tradução é bem difícil. Significa as impressões subconscientes e inconscientes que formam a base da personalidade.

bem, tenho de ter os tipos de pensamentos que trazem a qualidade da bondade.

Infelizmente, a mente está sujeita aos caprichos e às inconsistências do intelecto. Assim como as marés são puxadas pela força da gravidade da Lua, as 'marés' da mente são seus humores. Para onde quer que o intelecto vagueie, a mente o segue de forma automática, produzindo todas as funções essenciais.

As funções essenciais da mente são:

Pensamento
Imaginação
Criação de ideias
Sensação
Desejo
Sentimento
Emoção

Intelecto

Como o governante do estado interior, o intelecto é a faculdade principal do *eu*. Enquanto um governante poderoso e bondoso traz um benefício imenso para qualquer país, um líder fraco e confuso é manipulado e dominado por súditos espertos. O intelecto fragilizado e desnorteado subjuga-se a dois mundos: o mundo externo dos sentidos e seus objetos e o mundo interno de pensamentos, sentimentos e traços de personalidade.

Se quero paz, então preciso de um intelecto que possa criar e decidir quais tipos de padrões de pensamentos e ações conduzem à paz. Dessa forma, os *sanskars* provocadores de paz podem ser reforçados e trazidos à superfície para tornar-se aqueles que entram na mente. Assim, o intelecto desempenha seu papel de guardião, de porteiro da mente. Ele permite ou recusa a entrada do pensamento de acordo com seu próprio conjunto de regras e percepções. Por meio da meditação, a precisão desse papel é aperfeiçoada de forma que as qualidades positivas tenham a permissão de entrar e de prosseguir, ao passo que as negativas sejam enfraquecidas e transformadas.

As funções-chave do intelecto são:

Tomada de decisões
Discernimento ou poder de discriminação
Poder de raciocínio
Habilidade de lembrar-se, associar e identificar
Força de vontade
Habilidade de entender, conhecer e reconhecer
Julgamento

O intelecto realmente pode ser fortalecido para esse propósito vital por intermédio da meditação e vigilância. O entendimento do que é necessário não é suficiente. Posso saber, por exemplo, que ficar irritado é prejudicial a minha vida. Mesmo assim, quando me defronto com a pessoa que é a habitual desencadeadora de minha irritação e quando, uma vez mais, essa pessoa está fazendo exatamente o que me aborrece, toda a teoria não tem utilidade alguma. Nessa hora preciso de poder para não ficar irritado. A meditação me dará esse poder.

As forças ou fraquezas de um indivíduo estão conectadas com o intelecto. É importante notar que uma pessoa pode ter um intelecto que funciona perfeitamente bem sem que seja, necessariamente, intelectual.

Sanskars

A alma individual é a semente que contém dentro de si não apenas as faculdades de pensar e decidir como também uma configuração específica. Assim como a estrutura de cada elemento químico e grau de reação estão baseados no seu arranjo de elétrons e prótons, a configuração da alma é baseada no que conhecemos como *sanskars*. Essa palavra é traduzida de forma bastante inadequada por "traços de personalidade". Uma descrição mais correta seria a de impressões que são a base da personalidade. Ela lembra muito o que no Ocidente é chamado de *mente subconsciente*, embora a palavra *sanskar* também inclua o inconsciente.

Quando estou na cama à noite, antes de dormir, *sanskars* na forma de imagens de todos os tipos e cores são derramados na tela da mente, um após o outro. Claro, não é só quando estou dormindo que os *sanskars* entram em ação.

A matéria-prima de todos os pensamentos, ideias, sentimentos e emoções também surge dos *sanskars*. Na analogia das imagens projetadas numa tela, os *sanskars* seriam os arquivos de todas as experiências anteriormente registradas.

Cada única ação que faço deixa sua ação na própria alma como um *sanskar*. A tendência dos *sanskars* de se auto-organizarem faz com que eles se agrupem de acordo com a qualidade e função.

São *sanskars*:

Hábitos
Tendências
Traços de personalidade
Memórias
Valores
Crenças
Aprendizado
Talentos
Instintos

As características mencionadas são a base de nossa singularidade individual. A qualidade de uma pessoa, descrita por adjetivos como boa, ruim, alegre, chata, arrogante, altruísta e assim por diante, está basicamente relacionada aos seus *sanskars*.

Como essas três faculdades operam juntas

Os três aspectos do *eu* trabalham juntos de maneira precisa e integrada. Cada faculdade afeta as duas outras. Funcionando em parceria, elas produzem o que pode ser chamado de estado de consciência[3] (veja diagrama a seguir).

---

[3] Mais detalhes no Capítulo 2.

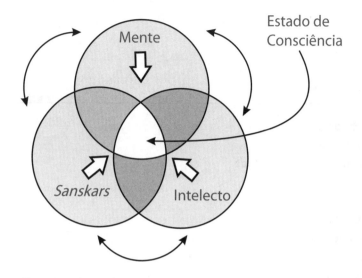

Olhando para o fluxo em direção horária, podemos ver como, a partir dos *sanskars*, surge um pensamento na mente que é processado pelo intelecto. O intelecto decide se vai levá-lo para a ação ou não através do corpo. Se a decisão for agir, a experiência da ação será gravada na alma como um *sanskar*.

Dessa forma, os velhos *sanskars* (aqueles que já existem) são modificados, fortalecidos ou enfraquecidos de acordo com as ações feitas. No caso em que um pensamento não é levado para a ação, ele é simplesmente arremessado de volta ao *pool* dos *sanskars* para consideração futura, se necessário.

Conclusões com base no entendimento do processo do *EU*:

Os pontos principais que posso extrair disso são:

- O intelecto tem um papel crucial na condução e na transformação do ser.

- Não posso escapar dos efeitos de tudo o que faço.
- Tenho dentro de mim tanto as causas de qualquer sofrimento que possa atravessar quanto as soluções para ele.
- As qualidades positivas que estão em mim como *sanskars* só podem ser trazidas à superfície da mente consciente por meio da intervenção do intelecto.

Com a ajuda do diagrama anterior posso entender que o pensamento é a semente da ação e da experiência. Quando existe o desejo de experiência pura, combinado com a compreensão da importância da qualidade do pensamento, então naturalmente há a vontade de selecionar aquelas sementes que darão o fruto esperado. Se desejo paz, conhecimento, contentamento, amor, poder, alegria, e assim por diante, haverá a meta de controlar ou erradicar os pensamentos e *sanskars* que são sementes de desarmonia e inquietação. O mecanismo com o qual a alma pode selecionar seus pensamentos e emoções é o intelecto.

Na formação de meus *sanskars*, obviamente há algumas experiências que foram positivas e benéficas para mim, ao passo que outras foram nocivas. Posso fazer as seguintes perguntas:

- Será que um pensamento específico vem de um *sanskar* de desarmonia ou inquietação?
- Esse pensamento trará mais inquietação para mim e para os outros?
- Ele criará harmonia e respeito nos outros?
- Como posso fortalecer os *sanskars* benéficos?

Intelecto — força de vontade

A expressão "força de vontade" normalmente é usada em referência à habilidade de colocar em prática os ideais que sei existirem para meu bem-estar e resistir a atividades prejudiciais. Isso está diretamente relacionado com a força do intelecto. Quando falamos de fraqueza ou força de alma, estamos nos referindo ao intelecto. No caso da alma fraca, é quase como se o intelecto não desempenhasse nenhum papel na determinação de que pensamentos devem surgir na mente; é como se eles viessem dirigidos pelos *sanskars* (principalmente na forma de hábitos), desencadeados pela atmosfera ou pelos humores dos outros. Ao contrário, uma alma poderosa aprecia a experiência de sua própria escolha, independentemente do estímulo externo.

A *Raja Yoga* desenvolve tão bem o intelecto que esse grau de controle torna-se possível. Um *raja yogue* pode estar no meio de uma situação de intenso distúrbio e ainda assim permanecer tão inabalavelmente calmo que sua força interna torna-se um consolo e uma inspiração para os outros, aos quais falta essa força. A alma fraca é como uma folha à mercê da tempestade. A alma forte é uma rocha diante de um mar tempestuoso.

O *eu* interativo

O alpinista hesita diante do tamanho e da dificuldade da montanha. O aclive íngreme enche-o de apreensão. Ele tem todo o equipamento necessário: botas, cravos, cordas e arreios. Ele tem o *know-how* adquirido com muitas escaladas, mas dentro de sua cabeça o desafio começa. As dificuldades e conquistas passadas na forma de *sanskars* já registrados lutam umas com as outras por espaço na tela mental. Pensamentos perturbados por emoções alternam-se entre o medo e a determinação à medida que surgem, um após o outro. O intelecto luta para escolher no fluxo oscilante de pensamentos: "*Eu deveria avançar ou recuar? Já fiz isso muitas vezes antes, é apenas outro pico. Contudo, numa escalada anterior similar, senti que estava perdendo a coragem. Então, será que consigo desta vez?*".

Finalmente a escolha é feita. O intelecto decide movimentar o corpo para a base da primeira seção íngreme. Recorrendo aos *sanskars* de coragem e experiência, o alpinista começa a mover-se inexoravelmente para o topo. Essa não é simplesmente a história da escalada de uma montanha física. O pico de minha consciência mais elevada aparece gradualmente diante de mim. Tenho o *know-how* gravado em mim como *sanskars*. Afinal, o meu estado de consciência mais elevado é apenas outra forma de definir meu estado original. Já estive ali antes! Contudo, para chegar lá novamente, tenho de usar as ferramentas de minha mente — botas, cravos, cordas e arreios de meus pensamentos e emoções. Pelo intelecto, percebo a altura de minha meta. Usando o *know-how* e as ferramentas, e mantendo longe as dúvidas, movo-me em direção a minha meta.

O jogo interno

É bem parecido com os jogos em que existem duas equipes de futebol e um campo. O campo nesse caso é a mente; trata-se, porém, de um campo que sente os movimentos dos jogadores. As duas equipes são os *sanskars* e o intelecto. Os jogadores da equipe dos *sanskars* são hábitos, crenças, memórias, tendências, instintos e traços de personalidade, enquanto o intelecto tem julgamento, discernimento, poder de memória, decisão, entendimento, força de vontade, e assim por diante.

Se estou fraco, meus *sanskars* dominam o jogo, usando todos os truques possíveis para superar meu intelecto. Os jogadores do intelecto estão sem poder e realmente não sabem jogar bem. O intelecto diz para si mesmo: *"Bem, meus hábitos e tendências ganharam tantos jogos no passado — só mais um gol não fará muita diferença no resultado. Eles sempre ganham"*.

Se os *sanskars* fossem um time justo, então tudo estaria bem. O problema é que eles são cheios de impurezas e defeitos, e cada vez que fazem um gol, o intelecto sai enfraquecido. Nesse meio tempo, a mente está vivenciando o jogo todo, e emoções, sentimentos, pensamentos etc. vêm e vão de acordo com a qualidade do jogo.

Se eu realmente quiser paz mental, não será simplesmente uma questão de limpar a mente de todos os pensamentos (isto é, todos os jogadores). Sem dúvida terei algum alívio. Mas, depois que a atenção de manter a mente livre de pensamentos se dispersa, voltam os mesmos jogadores que lá estavam, sem terem passado por nenhuma mudança.

Similarmente, se eu limpar o campo e substituir os jogadores dos *sanskars* e do intelecto por um *mantra* (entoação de algumas sílabas sagradas), uma chama de vela ou qualquer outra forma de concentração, sem dúvida experimentarei leveza mental e alívio, mas assim que eu dispersar aquela atenção, os mesmos jogadores voltarão sem nenhuma mudança. As tensões que existiam anteriormente também vão retornar.

A fim de ter paz mental duradoura e inabalável, ou melhor, paz no campo da mente, em vez de uma simples experiência passageira de tranquilidade, tenho de mudar os jogadores de forma que o jogo se torne perfeitamente harmonioso. Para isso, o intelecto precisa de poder e conhecimento a fim de participar efetivamente do jogo. Os *sanskars* precisam ser purificados para que todos os defeitos e truques sujos sejam removidos. Por essa razão, a meditação pode trazer paz mental real e permanente, preenchendo o intelecto com força e sabedoria e purificando os *sanskars*.

Quando força e sabedoria se unem, o resultado é a paz. Quando estou consciente de minha verdadeira identidade (especialmente se conectado mentalmente com o Ser Supremo[4]),

---

[4] Lidaremos com esse tipo de meditação com mais detalhes no Capítulo 3.

surge dentro de mim, e por meio do intelecto, um poder que purifica os *sanskars* e gera paz mental. Mesmo depois de alguns minutos, posso notar alguma transformação em meus jogadores internos. Quando estou concentrado em outras tarefas ou quando enfrento outras situações, eles se comportam de forma completamente harmoniosa.

Todos os detalhes de tais definições e entendimentos tornam-se extremamente importantes na prática da meditação. Agora vamos ver como é.

Meditação

Yoga significa uma conexão ou união mental alcançada por meio da lembrança. Sempre que a mente está concentrada, isso pode ser chamado de *yoga*. Sempre que alguém ou algum objeto é lembrado, então estou tendo *yoga* com aquela pessoa ou objeto. Em qualquer momento estou me lembrando de pessoas, locais e coisas do passado ou presente, ou estou imaginando os eventos futuros.

Estou permanentemente usando esse poder interno ao viver no mundo externo, tentando encontrar e manter paz e felicidade. A lembrança de experiências prazerosas muitas vezes me deixa perdido no pensamento, desapegado de meu ambiente e problemas imediatos. É uma habilidade natural da alma de recolher-se em si mesma diante das dificuldades externas.

A mesma aptidão é usada na meditação. O intelecto, como receptáculo do conhecimento, é também aquele que entende e se lembra. Dentro da alma, o intelecto perambula pelos *sanskars* passados. Assim, o que inicialmente era uma decisão de se lembrar de alguém ou de algo, torna-se um pensamento. Durante o tempo em que o intelecto fica fixo na pessoa ou coisa, a alma experimenta suas qualidades. Por exemplo, quando me lembro de uma linda experiência de verão de relativa paz e

Experiência pessoal

Costumava pensar em paz como algo intimamente ligado à beleza da natureza — o toque das ondas numa praia, o ruído do vento pela floresta, o planar e a descida repentina das gaivotas, ou seja, qualquer coisa distante da correria e agitação da cidade. Alternativamente, associava a paz com alguma forma física de relaxamento: fones de ouvido transmitindo música suave, um banho quente depois de um dia difícil, uma caminhada revigorante num parque e assim por diante. Depois de apenas algumas experiências de meditação, sentindo minha própria essência como paz, percebi muito depressa o quanto estive me enganando por tentar extrair paz do mundo a minha volta ou de alguma sensação em meu próprio corpo. Comecei a ver o relaxamento físico como uma fuga da tensão e não como uma solução para ela, e as cenas bonitas da natureza deixaram de ser fontes de paz radiante para mim. Na realidade, era a mera ausência de confusão e tensão que me atraía, porque havia alguma coisa em mim que também clamava por ausência de conflitos. Descobri que esse apelo ou necessidade era simplesmente minha natureza verdadeira exigindo ser reconhecida. Entendi o fato de que nem o corpo nem a natureza poderiam dar a paz da qual a alma estava precisando. Ela deveria ser extraída de "dentro". Tendo-a encontrado, eu a sinto com relativa constância, na cidade ou no campo, no conforto ou no desconforto. Em meio ao barulho e à confusão, a paz é realmente minha.

quietude, experimento novamente as cenas, esqueço o problema imediato e fico despreocupado. Se me lembro de algo doloroso ou desagradável ou dos erros de alguém, a mente fica perturbada. A mente experimenta estados diferentes de acordo com os tipos de pensamentos que surgem. Os pensamentos dependem do foco em que o intelecto está concentrado. Em suma, a experiência está de acordo com a consciência.

A meditação *Raja Yoga* funciona inteiramente no nível da mente, do intelecto e dos *sanskars*, em vez de se concentrar em formas, posturas ou rituais físicos. O primeiro estágio da *Raja Yoga* é estabilizar o eu na experiência pura da tranquilidade interna da alma.

A princípio, pensamentos dispersivos podem vir à mente. Para ficar livre deles, preciso aprender a não me envolver numa batalha para contê-los ou eliminá-los. Tenho de aprender a me afastar e me portar como um observador assim que tomo consciência deles.

Sempre que uma situação ou um ambiente ficam carregados de tensão, tristeza ou negatividade de qualquer tipo, posso retrair-me imediatamente para o *eu* e mergulhar profundamente no oceano dos *sanskars*, colhendo pérolas de paz e de contentamento. Posso então voltar àquela situação sentindo-me renovado, calmo e limpo, com força para lidar com qualquer circunstância. Também tenho a capacidade de contribuir com a situação por meio dessas qualidades, com a ajuda de pensamentos, palavras, ações e vibrações. O processo de autointrospecção só precisa de alguns momentos.

O processo de ativação de emoções mais elevadas

A *Raja Yoga* dá ao intelecto o poder de selecionar aqueles *sanskars* positivos que conduzem a emoções mais elevadas, pensamentos calmos e claros e ao desejo puro de desfrutar a vida de tal forma que nenhuma tristeza seja experimentada pelo eu nem causada aos outros.

Nos estágios iniciais da meditação, relembro e experimento *sanskars* que, para a maioria das pessoas, só ocasionalmente vêm à tona. Eles são mais profundos do que as memórias superficiais das experiências corriqueiras do mundo. Esses são os *sanskars* puros e poderosos, relacionados à natureza eterna da alma. Já que a alma não é uma energia material, mas uma energia metafísica separada do corpo, as dualidades do mundo material não se relacionam à natureza profunda e íntima da alma.

A consciência tem a mesma propriedade da luz, uma força poderosa com qualidades distintas, ainda que não possua massa gravitacional. Na realidade, a única influência ou carga da alma é o resultado de seus próprios pensamentos impuros e ações negativas.

Vou além desses *sanskars* superficiais e percebo as qualidades inatas da alma: paz, pureza, poder etc. Quando esses *sanskars* originais são experimentados, amor e felicidade consequentemente também o são automaticamente.

Depois de alguma prática, posso ter o poder intelectual de ativar esses *sanskars* conscientemente a qualquer momento na vida diária.

Numa situação que levaria a maioria das pessoas a experimentar humores ou emoções negativas, tais como medo, depressão, ansiedade, tédio, fadiga, ódio ou agressão, posso ficar distanciado e recorrer a minhas qualidades inatas.

Claro que isso é benéfico não apenas para mim, mas para todos a minha volta.

Os primeiros passos na meditação

Como uma alma, primeiramente devo estar consciente de minhas próprias capacidades de sentir, discernir e entender para sintonizar esses poderes no grau adequado de sutileza e precisão. Com os olhos físicos só consigo ver as coisas grosseiras, materiais. É necessário um tipo diferente de visão ou perspectiva para ver o que se refere ao não material: todas aquelas experiências que transcendem esse nível físico de existência.

A meditação *Raja Yoga* envolve o desenvolvimento e o refinamento do chamado *terceiro olho* de forma que eu não apenas enxergue espiritualmente, mas também entenda e me ajuste a ele da forma mais natural possível.

O uso dos pensamentos positivos

Existe uma ideia comum de que meditação significa esvaziar a mente de todos os pensamentos, a fim de experimentar quietude do espírito. A mente não deve ser culpada por nossa angústia existencial. Ela realmente é apenas uma tela sobre a qual os pensamentos são projetados. Sua desordem é devida à qualidade dos pensamentos que surgem e não a algum problema inerente à própria mente.

Apesar de esse esvaziamento da mente poder trazer alívio temporário, não é natural não ter pensamentos. Em vez disso, a mente tem de ser treinada a criar os tipos de pensamentos que conduzam à harmonia. Assim, cada sessão da meditação *Raja Yoga* pode ser vista como uma sessão de treinamento de pensamento de uma forma similar à de um jogador de tênis que, buscando proficiência, pratica seu saque, *back-hand* e voleio, a fim de aperfeiçoá-los.

Meditação é a jornada em direção à consciência da alma e a consciência de Deus. Ela é guiada pelo uso dos pensamentos criados na mente e pela memória profunda e interna do estado inato e original do ser. Primeiramente, tenho de retirar minha atenção de todas as circunstâncias externas e dirigi-la para dentro, em direção ao diálogo interno.

> Se tenho pensamentos positivos,
> movo-me numa direção positiva.
> Se tenho pensamentos negativos,
> movo-me numa direção negativa.
> Se não tenho nenhum pensamento,
> não vou a lugar nenhum.

Considero e experimento o mais intimamente possível os pensamentos ligados à natureza real do ser, seu papel e relacionamento com o Ser Supremo. Todos esses pensamentos carregam uma vibração distintamente positiva e conduzem-me à realização.

Os benefícios da meditação de olhos abertos

Uma das características principais da meditação *Raja Yoga* é que com ela aprendemos a meditar de olhos abertos. O treinamento dos pensamentos em direção a tendências positivas ajuda-me a enfrentar não apenas a minha rotina diária, mas a lidar especificamente com situações inesperadas que determinam meu poder real. Obter domínio sobre a arte da meditação com os olhos abertos pode ser de imenso valor para mim na vida prática.

Se me restrinjo à meditação sentado e de olhos fechados, então sou impedido de continuar a experiência meditativa no decorrer de minhas atividades normais, isto é, andando, comendo, movimentando-me e assim por diante.

Meditação é, ao mesmo tempo, uma experiência incrivelmente relaxante e um aperfeiçoamento dos poderes de percepção e reação-resposta. Dessa forma, posso estar andando pela rua num estado meditativo e ainda assim ter uma percepção e reação-resposta muito rápidas aos pedestres e ao tráfego.

Resumo

Estes são os pontos principais deste capítulo:

- A resposta à pergunta "quem sou eu?" é: eu sou uma alma, o ser interno vivo e inteligente. Habito e dou vida ao corpo. O corpo é o meio pelo qual eu, a alma, me expresso e experimento o mundo a minha volta.
- A alma não é masculina nem feminina.
- Quando assumo minha verdadeira identidade como ser espiritual, então também tenho acesso imediato ao amor, à paz, à felicidade e aos poderes que são mais do que simplesmente qualidades. Eles fazem parte de mim.
- Assim como o motorista senta-se atrás do volante, segurando-o com as mãos, a alma "senta-se" num ponto específico do centro do cérebro, próximo ao corpo pineal.
- A alma é vista como um ponto infinitesimal de luz consciente.
- Na meditação, a atenção é primeiramente direcionada como se segue: eu sou uma alma, um foco minúsculo de luz-energia consciente, centrado no ponto entre as sobrancelhas.
- As qualidades intrínsecas da alma são: paz, amor, felicidade, verdade, poder, pureza e equilíbrio.

- A alma funciona por intermédio de três faculdades principais: mente, intelecto e *sanskars*. Juntos, eles produzem o estado individual em qualquer momento.
- Se tenho pensamentos positivos, tomo uma direção positiva. Se tenho pensamentos negativos, tomo uma direção negativa. Se não tenho nenhum pensamento, não vou a lugar algum.
- A meditação é um método de produzir emoções mais elevadas pelo entendimento e de manter sob controle os processos internos do eu.
- Se obtenho domínio sobre a arte de meditar com os olhos abertos, ela pode ser de imenso valor para a minha vida prática.

Capítulo 2
PENSAMENTO E CONSCIÊNCIA

Uma das áreas mais importantes de consideração na vida humana é a dos relacionamentos. Dentre eles, o primeiro e mais fundamental é o que tenho comigo mesmo. Eu me conheço bem? Sou meu amigo? Se penso sobre a última semana ou mês, quantas de minhas reações foram inesperadas ou descontroladas? Quantas me deixaram perplexo, confuso ou deprimido?

Se houve várias situações assim, isso é uma indicação de que ainda existem coisas profundas dentro de mim que não descobri ou não aprendi a administrar. Normalmente um amigo é alguém cuja companhia eu aprecio, por quem sinto amor e que me traz algum benefício. Mas será que eu sou amigo de mim mesmo? Se não sou, o motivo pode ser simplesmente o fato de eu não conhecer minha própria profundidade.

A porta que se abre para o mundo do conhecimento espiritual e da assimilação de qualidades positivas é a consciência de que sou uma alma eterna. Se entendo e experimento suas implicações, posso acalmar minha mente inquieta e criar a estabilidade necessária para absorver espiritualidade e poder. Posso canalizar esse potencial para o bem que tenho dentro de mim, assim como um rio, quando apropriadamente canalizado, fornece água para tantas pessoas.

É óbvio que tenho de dedicar grande parte de cada dia no trato de situações que nascem de meus papéis, rotinas, responsabilidades e relacionamentos. Se não sou cuidadoso, esses mesmos aspectos de minha vida no mundo podem absorver totalmente a minha energia — como uma bateria que se descarrega. Preciso encontrar tempo para me recarregar. A paz e a felicidade de que necessito internamente vêm do entendimento e do conhecimento do eu.

Ao se concentrar no átomo, os cientistas deram poder a ele. Similarmente, ao me concentrar na alma e no elo eterno com a Alma Suprema, de forma amorosa, posso liberar meu próprio potencial e poder puro.

Os pontos principais a ser cobertos neste capítulo são:

- o estado da alma e seu relacionamento com o mundo;
- o entendimento da natureza da consciência;
- os dois tipos básicos de consciência — "eu, a alma" e "eu, o corpo";
- as três regiões da existência — física, sutil e incorpórea;
- a qualidade dos pensamentos;
- os cinco tipos de pensamentos — inúteis, negativos, necessários, comuns e elevados;
- como os pensamentos criam uma atmosfera.

O estado da alma — estado do mundo

Um dos conceitos que surgem da busca intensa atual de redefinição do indivíduo e seu relacionamento com a sociedade é o do holismo. Ele vem da raiz grega *holos*, que significa "o todo".

Refere-se basicamente a uma visão de mundo que leva em conta a interligação de todas as coisas dentro de um dado sistema.

Aplicado à saúde, por exemplo, é uma abordagem integral do entendimento das doenças e suas causas e prevenção. Ele reflete a necessidade de compreensão dos seres humanos como pessoas *integrais*, e não como uma coleção de órgãos. Em outras palavras, corpo, mente e alma. Os fatores ambientais, sociais, físicos, mentais e espirituais contribuem como um todo para a nossa saúde.

Essa visão mais abrangente do mundo tem suas raízes na Antiguidade. Todos os indianos, chineses e gregos da Antiguidade compreendiam saúde como o estado de equilíbrio entre todos esses fatores. Curiosamente, a palavra "terapeuta" vem do nome de um grupo de monges essênios que buscavam a cura da alma por meio de uma vida de contemplação.

Mesmo que a Organização Mundial de Saúde defina saúde em termos de nosso bem-estar mental, físico e social, a própria interligação dos três aspectos, no sentido de como afetam uns aos outros, geralmente não é reconhecida. Os pontos de início e fim do processo — o estado do ser interno e o do ambiente, respectivamente — foram omitidos.

Estado	Qualidade da saúde
Ser	*Amor, paz, felicidade, verdade, poder*
Mente	*Positivismo, harmonia, equilíbrio, disciplina*
Corpo	*Livre de doença, vitalidade, equilíbrio*
Relacionamentos	*Harmonia, respeito, sinceridade*
Sociedade	*Ordem, cooperação, justiça, tolerância*
Meio ambiente	*Limpeza, harmonia, equilíbrio*

Se nós fizermos simplesmente uma lista de seis estados (os cinco mencionados e o dos relacionamentos) de acordo com a coluna da esquerda do quadro da página anterior, talvez não vejamos imediatamente a interdependência entre eles. Ao tomarmos nota de alguns aspectos que seriam qualificados como o estado saudável de cada um deles (coluna da direita), fica evidente como afetam uns aos outros.

É difícil imaginar um corpo realmente saudável sem uma mente saudável; a influência de cada estado sobre os outros é igualmente importante. Em outras palavras, o estado do ambiente ou da sociedade tem a ver com todos os outros estados.

Veja o seguinte diagrama:

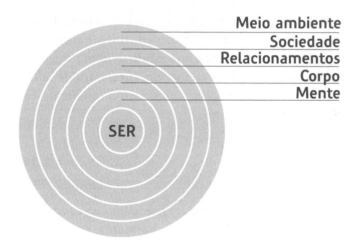

O estado do ser interno é tanto a semente dos problemas quanto sua solução. Mudar o ser é mudar o mundo.

Para fazer isso, o primeiro passo é entender a natureza da consciência.

O que é a consciência?

A consciência é, essencialmente, a percepção que a alma tem de sua própria existência. É o que está por trás do pensamento "eu existo" ou "eu sou". Normalmente, junto com essa afirmação há algo mais — eu sou alguma coisa ou alguém. Esse acréscimo, que afeta a forma como a consciência funciona, pode ser chamado de autoidentidade. Como o que eu sinto que sou geralmente não permanece estável, o estado de consciência está sempre oscilando.

Num momento posso ter a consciência de que "sou um homem" ou "sou uma mulher" e, no próximo, "sou um engenheiro" ou "sou um alemão". Num nível mais profundo, posso ter consciência de que "eu sou uma alma, um filho de Deus".

Ao examinar qualquer processo de pensamento-decisão-ação, descobrirei que por trás dele sempre existe o sentimento de que eu sou uma coisa ou outra. A consciência é o trampolim de pensamentos, decisões e ações. Em outras palavras, a alma reage às circunstâncias externas de acordo com tudo o que ela sente ser naquele momento específico. (Veja novamente o diagrama da página 38.)

Por exemplo, um cirurgião é capaz de fazer uma cirurgia quando existe a consciência de ser um cirurgião. Essa mesma consciência destrava ou dá à alma acesso a toda informação e experiência relacionadas a ser um cirurgião.

Meu estado de consciência afeta meu estado mental, minha atitude e visão e, por fim, afeta as ações que desempenho e as situações nas quais eu me encontro. Se quero transformar todas as outras coisas, primeiro tenho de mudar meu estado de consciência.

As duas categorias básicas de consciência referem-se à alma ou ao corpo.

Consciência da alma — a origem das virtudes

As qualidades inatas da alma, descritas no capítulo anterior, também são o que pode ser chamado de *sanskars* originais. Quando estou ciente de minha verdadeira identidade como uma alma, essas qualidades tornam-se acessíveis.

Na consciência "eu, a alma", percebo a natureza limitante do ego. Em vez de observar os outros em função de minhas próprias necessidades, começo a ver como todos existem dentro de seu próprio direito. Sintonizando com minhas próprias qualidades inatas, é como se eu entrasse numa frequência que deixa os outros confortáveis, permitindo-lhes ser o que de fato são intrinsecamente. Quando minha visão está concentrada nesses valores essenciais dos outros, eles tornam-se denominadores comuns que me põem em conexão com eles. As pontes substituem o que anteriormente eram paredes.

Muitos de nós experimentamos a diferença entre viajar numa estrada cheia de buracos num carro sem suspensão e fazer a mesma viagem com os amortecedores instalados. Na medida em que a maioria dos aspectos de nossas vidas é fixa, tais como o corpo que temos, nossos pais e filhos, e assim por diante, as virtudes certamente tornam muito mais confortável a jornada na estrada da vida.

A diferença entre consciência da alma e consciência do corpo

Na consciência da alma	Na consciência do corpo
Sou livre.	Estou em escravidão.
Posso entender tudo o que faço.	Tenho muitas perguntas e poucas respostas.
Sei que sou eterno, portanto não tenho medo da morte.	Tenho medo de morrer (perder o corpo).

Consigo praticar o autocontrole.	Não tenho controle nenhum sobre os órgãos dos sentidos.
Consigo manter o entusiasmo.	Fico entediado e deprimido facilmente.
Posso mentalmente voar além do corpo.	As asas da alma estão cortadas.
Posso viajar mentalmente para regiões além deste mundo.	Estou limitado à percepção deste mundo.
O intelecto é perspicaz.	O intelecto é confuso.
O passado, o presente e o futuro de meu papel podem ser vistos mais claramente.	Vejo um passado distorcido e não tenho nenhuma meta clara para o futuro.
Sei que a beleza real é a da alma.	Fico perturbado pelos sentimentos de atração à beleza física dos corpos.
Espalho a fragrância das virtudes.	Causo tristeza, como um espinho picando os outros.
Respeito todos os indivíduos e me relaciono com eles com humildade.	Vejo todos como seres relacionados com minha identidade. Minha vida gira inteiramente em torno de mim.
Estou ciente de minhas próprias qualidades inatas e das dos outros.	Minha visão está fixa nos meus próprios defeitos e nos dos outros.
Posso conseguir melhores resultados com menos esforço.	Há mais esforço e menos resultados, o que conduz à tensão e ao cansaço.

Os limites do "eu, o corpo"

Muito de minha luta interna ocorre entre o que realmente sou e o que penso que sou. Se, como energia eterna e consciente chamada alma, eu insisto em me identificar com o corpo finito, estou sujeito a algum problema. É como tentar colocar um pé grande num sapato pequeno — dói! Na consciência "eu, o corpo" tenho de fazer incontáveis compensações para me acomodar ao sapato corpóreo.

Ao identificar-me exclusivamente com as atrações e conexões passageiras da forma física, parece que devo pagar por elas com desconforto e insegurança espiritual — e, no final, dor. A consciência "eu sou fulano de tal, filho de fulano de tal, residente em tal lugar, dessa ou daquela religião ou raça, de tal profissão, idade, e assim por diante" estabelece os parâmetros das brincadeiras do ego.

Sendo limitado, fico ocupado com os sentidos e seus objetos numa tentativa de ocultar a decepção básica que eles impõem. "Podemos lhe dar tudo de que você precisa", parece que eles dizem à medida que uma miríade de ilusões nasce. A realidade de minha existência espiritual é esquecida e uma realidade temporária automaticamente cria sua ordem de prioridades. Isso inverte meus valores inatos mais profundos e traz insegurança. Fico aprisionado num mundo de dualidades, de preferências e aversões.

Como alma-ator, eu não sou nem a vestimenta (corpo) nem realmente o papel que estou desempenhando. A consciência "eu, o corpo" ou consciência do corpo, para resumir, não me restringe apenas à forma, mas também ao nome. Enquanto permaneço prisioneiro de meus próprios papéis, não consigo ver os aspectos mais amplos da peça da vida na qual estou envolvido. Estou confinado às condições de cada local, momento e circunstâncias e amarrado aos vínculos de hábitos e atitudes passadas. Se não, sinto-me abatido e busco formas de escapar das ameaças imaginárias ou reais que a situação apresenta. Dessa forma, passo de uma cena para outra como um pedaço de cortiça em alto-mar à mercê das ondas das circunstâncias.

A alma na consciência do corpo não consegue controlar seus próprios movimentos, mas eles são impostos pelas condições externas que a mesma alma permanentemente determina de acordo com a lei de causa e efeito (veja Capítulo 4).

Consciência do corpo — a origem da negatividade

Quando tenho força interna, minhas tendências e talentos são refletidos na forma de virtudes. Se o *eu* está fraco, essas mesmas tendências surgem como vícios. Os vícios são simplesmente virtudes que perderam sua direção e seu poder originais.

O exemplo mais claro disso é o amor. Quando irradia de um *eu* forte, ele é ilimitado, incondicional e ganha o respeito de tudo e de todos. O mesmo amor numa alma enfraquecida tende a confinar-se a limites. Fico aprisionado nos relacionamentos de apego. Corro atrás de objetos e objetivos na forma de ganância. Fico preso a minha autoimagem na forma de vaidade ou arrogância. Em certo sentido, se poder e entendimento forem retirados das virtudes, elas mesmas tornam-se vícios.

Nesse estado de insegurança espiritual, as seis forças negativas principais ou vícios se tornam:

- **Apego**
  Tentativa de encontrar segurança ao desenvolver um relacionamento de propriedade ou possessividade com pessoas e objetos.

Experiência pessoal

Costumava pensar que tudo era irreal ou uma ilusão, mas depois de entrar profundamente nessa questão, percebi que a peça da vida, o palco do mundo, os atores e os papéis são suficientemente reais. Concluí que minha visão das coisas, e portanto minhas deduções, podem ser ilusórias ou não. A ilusão básica "eu sou este corpo" era o fio da meada de minha existência. A essa ilusão todos os outros pensamentos, decisões e reações foram amarrados.

✤ Ganância
Tentativa de encontrar realização na aquisição de bens materiais, posição ou *status* ou por meio dos sentidos físicos, como com a comida.

✤ Egoísmo
Cultivo de uma autoimagem que é falsa, temporária ou irreal.

✤ Luxúria
Desejo de satisfação dos sentidos físicos como meio de realização.

✤ Raiva
Sentimento de animosidade quando qualquer dos vícios é ameaçado.

✤ Preguiça
Desejo de inatividade no nível espiritual, mental ou físico quando a exigência é outra.

A causa básica da má saúde de nosso mundo individual ou coletivo é a consciência do corpo e sua manifestação por essas seis negatividades e sua prole.

A base do preconceito sexual, racial, social e religioso é a visão e classificação dos outros por seus corpos, culturas ou costumes sociais respectivos. Entendo que é a ignorância de nossa verdadeira natureza que faz crescer o preconceito, que gera conflito, que dá origem à guerra e ao ódio, e assim por diante. O chamado "ciclo vicioso" continua até que a semente da ignorância seja removida.

A consciência do corpo é basicamente o apego a minha autoimagem física. Fico aprisionado num mundo de nomes e formas e me limito às condições de local, tempo e circunstâncias que me rodeiam.

Visão da consciência da alma

O modo de ver os outros está definitivamente baseado na consciência com a qual eu me vejo. Tantas possibilidades diferentes de percepção surgem quando tenho de lidar com os outros. Muitas vezes nem sequer vejo os indivíduos como eles realmente são, mas meramente como parte de seu *background* nacional, cultural ou racial. Idade, sexo, profissão, *status* social e grau de beleza somam-se aos limites que se tornam barreiras sutis ou óbvias em meu relacionamento com eles. Camuflam minha própria autoidentidade e tingem os óculos através dos quais eu observo os outros e, portanto, reajo.

Quando substituo todas essas categorias pela visão da alma como um ponto minúsculo de energia consciente distinto do corpo físico e de todos os seus atributos de identificação, isso traz uma grande sensação de liberdade. Posso afastar-me de todo preconceito de forma muito efetiva.

Resultados diferentes são obtidos de acordo com o nível de consciência. O exemplo seguinte é o de um chefe com seus funcionários:

Consciência do corpo	Consciência da alma
Percepção	
Eu sou o chefe aqui, sei mais do que todo mundo. Afinal, é por isso que sou o chefe.	Eu sou um ser espiritual. Tenho de desempenhar um papel de responsabilidade. Cada um de meus funcionários tem seu papel específico.
Pensamento	
Eles deveriam me ouvir. Afinal, eu sou aquele que paga os seus salários.	Devo ouvir suas sugestões. Talvez possamos melhorar alguma coisa.
Decisão	
Eu vou lhes mostrar quem é o chefe aqui.	Devo entender cada uma de suas especialidades.
Ação	
O chefe grita e discute com eles.	Existe um diálogo franco.
Resultado	
Ressentimento entre chefe e funcionários.	Respeito e um clima de confiança prevalecem.

Atores, vestimentas e papéis

Não é uma questão de lidar com essas classificações corpóreas uma por uma, por meio de análise ou razão. Simplesmente preciso fazer experimentos com a ideia "Eu sou uma alma, um ponto de energia espiritual, e estou aqui para desempenhar um papel por meio deste corpo específico. Eu, a alma, entrei nele em algum momento e, quando ele tiver cumprido o seu propósito, eu o deixarei. As outras pessoas também são almas desempenhando papéis por intermédio de seus corpos e estão sujeitas aos mesmos regulamentos básicos".

Quando falo ou interajo com elas, devo-me lembrar dessa verdade espiritual e não ser influenciado pelas tendências ou intolerâncias devidas a quaisquer classificações físicas. Antes de masculino, feminino, preto, branco, indiano ou americano, muçulmano ou cristão, somos seres espirituais que, de acordo com nossos respectivos passados, encontramo-nos nestes corpos, com papéis diferentes para desempenhar.

Meu corpo-vestimenta poderia ser de cor, gênero ou nacionalidade diferente. Por várias e boas razões eu, o ator, estou desempenhando meu papel nessa vestimenta específica. A percepção de que ator, papel e vestimentas são coisas separadas, mas interdependentes, traz uma sensação de desapego interno. Começo a prestar mais atenção ao modo como estou desempenhando meu papel e o aprecio mais. Sou capaz de determinar a qualidade das emoções, em vez de deixar que elas se apoderem de mim. Não posso mudar os outros, mas posso determinar a qualidade do papel que desempenho e sintonizar com qualquer coisa que cada situação exija de mim.

Quando uso a palavra *meu*, posso estar me referindo a *minha* mente, *meu* corpo, *meus* relacionamentos ou *meu* mundo. Contudo, não posso realmente dizer *meu* ser ou *minha alma*, pois isso é o que eu sou. De acordo com a interdependência da mente e do *eu*, afeto minha mente e minha mente me afeta. Em outras palavras, crio meus pensamentos, que inevitavelmente voltam para mim.

A qualidade dos pensamentos

Como vimos, os tipos de pensamentos e o estado do corpo afetam-se mutuamente. Pense na última vez em que você teve uma forte dor de cabeça e provavelmente concordará com isso. Menos óbvio é o fato de que nossos próprios pensamentos estão envolvidos na criação da dor de cabeça.

Igualmente, o tipo de comida que ingerimos causa algum efeito em nossa mente. Podemos imediatamente ver o efeito de uma forte droga analgésica sobre nossas mentes. Ela diminui a velocidade do próprio processo de pensamento. Menos óbvio é o efeito que nossos pensamentos tem sobre a comida que preparamos e as coisas que fazemos. Esse efeito é sempre bilateral.

Por essa razão, a possibilidade de ficar preso em ciclos viciosos está sempre presente, exatamente por causa da dependência mútua de todos os estados — eu, mente, corpo, relacionamentos, sociedade e meio ambiente. Se estou fraco ou negativo, isso afeta meus pensamentos e todo o resto. Quando olho para o estado do meu próprio mundo pessoal, vejo os reflexos do meu estado interno em tudo.

Os cinco tipos de pensamentos

Como já foi mostrado, a qualidade dos pensamentos que permito entrar na mente definitivamente afeta meu estado mental e, portanto, minha experiência na meditação. É razoável esperar que, se gasto 23 horas num estado de abandono mental, sem nenhum esforço de autoverificação, então a hora que reservar para minha experiência de meditação será tudo, menos poderosa.

A prática regular de meditação traz mudanças e benefícios a minha família, trabalho e vida social. A atenção aos tipos de pensamentos que estou cultivando no decorrer de minhas atividades melhorará essa prática.

Existem várias categorias nas quais os pensamentos se encaixam:

- **Pensamentos inúteis**
Aqueles que não tem nada a ver com a realidade. Isso pode incluir dúvidas, desculpas, a criação e continuidade de fantasias não realistas ("construir castelos no ar"), preocupações com trivialidades, confusão, mal-entendidos e paranoia.

- **Pensamentos negativos**
Aqueles que têm sua origem nos vícios, tais como raiva, ganância, egoísmo, luxúria, apego, preguiça etc.

- **Pensamentos necessários**
Aqueles conectados com o exercício de responsabilidades familiares, profissionais, sociais ou quaisquer outras. Isso poderia incluir a responsabilidade de tomar conta da própria saúde e higiene.

- **Pensamentos comuns**
Aqueles associados com assuntos mundanos, notícias e pontos de vista.

- **Pensamentos elevados**
Aqueles relacionados com a introspecção meditativa, a contemplação de aspectos do conhecimento espiritual ou desenvolvimento pessoal e o serviço espiritual aos outros — tipo de pensamento realmente criativo.

Como os pensamentos criam atmosfera

A palavra "atmosfera" possui dois significados. Um refere-se ao ar físico a nossa volta e o outro aos aspectos mais sutis que as vibrações dos pensamentos criam num espaço específico. Ninguém pode negar que a atmosfera de um bar lotado é diferente da atmosfera de uma igreja. Isso se deve principalmente ao efeito de tipos diferentes de pensamentos e sentimentos nesses recintos. Mesmo alguém surdo e cego teria capacidade de perceber a diferença.

As vibrações do som são invisíveis, mas seu impacto não é. Uma broca de ar comprimido ou um jato que rompe a barreira do som sacode nossas mentes e as paredes de nossas casas. As vibrações dos pensamentos não podem ser vistas, mas seu impacto é até mais pungente. O pânico das pessoas durante uma tragédia e a euforia da vitória num campeonato de futebol são exemplos de como os pensamentos criam uma atmosfera.

Em nível mais sutil, muitos de nós temos a experiência de telepatia rudimentar: "*Puxa! Eu estava exatamente pensando em você e você ligou*". Os pensamentos conectam os indivíduos a longas distâncias. Os médicos nos informam que cerca de 90% das doenças do corpo têm origem psicossomática. Isso torna o corpo humano o exemplo principal de como os pensamentos afetam a matéria.

Como o mundo é feito dos mundos coletivos e pessoais de todos os indivíduos, é fácil compreender como a atmosfera internacional política, econômica e social nada mais é do que os efeitos coletivos de todos os nossos pensamentos.

Experiência pessoal

Sempre que tinha de ir a um funeral, especialmente daquele tipo em que o corpo jaz à disposição de todos para ser visto e tocado, ficava pensando sobre o pavor silencioso no qual a maioria das pessoas permanece. A nova perda de um ser amado nos desafia quando refletimos sobre a transitoriedade de nossos próprios corpos. Jamais consegui crer na imagem de um inferno ardente ou de um mundo paradisíaco e bem-aventurado além das nuvens. A ideia de viver para sempre atormentado num poço sulfuroso ou, ao contrário, de desfrutar uma vida de bem-aventurança perpétua num reino de contos de fadas parece tão remota e distante da realidade. Pela experiência de meditação descobri que esse é um processo muito mais natural quando despido de mito e mistério.

Nascimento, morte e renascimento

O entendimento do *eu* como uma alma, uma entidade eterna, naturalmente conduz às perguntas:

- ❧ Onde está a alma antes de vir ao corpo físico?
- ❧ Para onde vai a alma depois de deixá-lo?
- ❧ Qual é o propósito da eternidade?

Essas são as questões que nos preocupam profundamente ao longo da História.

A maioria aceita que existe algum propósito determinado para a criação, mas, olhando através da consciência do corpo, não consigo enxergar esse propósito, uma vez que estou aprisionado por necessidades, planos e desejos presentes. À medida que a hora da morte do corpo se aproxima, começo a considerar a ideia de vida após a morte de forma quase instintiva.

Subconscientemente, sei que sou uma alma. Nascimento, vida, morte e renascimento são simplesmente estágios de existência. Todos os processos naturais podem ser vistos como tendo começo, meio e fim e um novo começo para continuar o ciclo. A alma toma uma forma corpórea, dá vida a ela e, depois de um período de tempo, mais cedo ou mais tarde, ela a deixa e toma outra forma, adequada à continuidade de seu papel.

Enquanto a alma estiver no corpo, ele cresce como uma planta, desenvolve-se de bebê à criança, de jovem a adulto. Começa depois a decair e finalmente torna-se inútil. No momento em que a alma sai, o corpo fica como um galho seco. Ele imediatamente começa a se decompor e por fim volta ao pó. Novamente a alma se move para o corpo de um bebezinho, no ventre de uma nova mãe. Depois de algum tempo, ela surge como um bebê renascido e imediatamente começa a manifestar a mesma mente, intelecto e *sanskars* que trouxe consigo de vida anterior. É a mesma alma, mas em nova situação física.

Assim a morte é meramente um meio pelo qual a alma realiza uma mudança completa de circunstâncias e meio ambiente. O tempo jamais mata a alma; mas o corpo, sendo parte da natureza ou matéria, obedece à lei da entropia[5] que diz que tudo o que é novo se torna velho e, por fim, deixa de manter sua forma. Os componentes moleculares desse corpo desintegram-se somente para reintegrar-se como outra forma em algum momento posterior.

---

[5] A segunda lei da Termodinâmica afirma que a energia, quando em uso, move-se de um estado de disponibilidade para um estado de não disponibilidade, isto é, acaba sendo consumida.

O processo de nascimento-vida-morte-renascimento também é eterno. Ele sempre aconteceu e assim continuará. A alma entra no corpo, expressa um papel e experimenta os resultados dessa expressão por meio dele, durante certo tempo. Depois ela o deixa e o processo inicia-se novamente.

Similarmente, as almas vêm a este mundo, permanecem aqui como atores por certo número de vidas e depois retornam à região de onde vieram, onde elas permanecem para um período de descanso. O processo também começa novamente. As almas de novo entram em ação. O padrão é cíclico.

As três regiões da existência

Se eu fizer uma regressão completa ao meu início, chegarei a um momento em que não estava presente neste mundo físico — não tinha nenhum contato com ele, nenhum relacionamento, nem sequer nenhum pensamento. Estava além, não no sentido de distância física, mas certamente numa dimensão transcendente em tempo e espaço.

Para dar significado maior ao lugar onde estou, preciso entender o lugar de onde vim. A seguir estão as características de três regiões distintas, ou campos vibratórios, que constituem nossa realidade.

Região física

É difícil imaginar que o planeta onde passamos nossas vidas esteja neste momento zunindo pelo espaço numa velocidade espantosa, enquanto se ajusta a forças físicas até maiores no Universo. Nosso senso limitado de percepção faz com que tudo pareça estar parado e também faz surgir a ilusão de que a Terra é plana! Da mesma forma, existem outros aspectos mais sutis de nossa existência dos quais nossos sentidos não tem a menor possibilidade de se aproximar. Para entender o que está além daqui, preciso ir além dos sentidos. Paradoxalmente, é apenas quando compreendo o que transcende o físico que posso realmente administrá-lo.

O universo físico é um palco de ação onde as almas humanas descem para os corpos físicos para desempenhar seus respectivos papéis numa peça de proporções inimagináveis. Tempo, espaço, matéria, movimento e som são as características proeminentes do universo físico, que é governado por leis físicas, químicas e biológicas bem definidas.

Este mundo é um vasto anfiteatro no qual as almas encarnadas desempenham seus papéis variados. Na Índia, o mundo que os seres humanos habitam é chamado de *karma kshetra* (o campo de ação), pois é aqui que as pessoas semeiam ações e colhem o fruto. É aqui que a alma adota um corpo de carne e osso e expressa o papel que está latente dentro dela.

Existe um relacionamento direto entre o desempenho do papel de cada alma e o estado da matéria. Nesse imenso palco de desertos, florestas, montanhas e mares, iluminado por Sol, Lua e estrelas, a peça da existência é encenada. Na peça, nós, almas-atores, estamos sujeitos a dualidades variando do prazer à dor, do nascimento à morte, da pureza à impureza, da felicidade à tristeza, do novo ao velho, do positivo ao negativo: a vasta representação teatral da História arrasta-se conforme o tempo devora tudo e todos, inexoravelmente. À medida que as almas mudam, o mesmo faz a História, e a própria matéria ou natureza move-se por diferentes estados para acompanhar essas mudanças[6].

Existem duas outras dimensões além dos limites dessa vasta extensão física do sistema solar e das galáxias. Elas são regiões de luz não material e não podem ser alcançadas por nenhum meio

---

[6] Mais detalhes do assunto no Livro de Exercícios (Segunda Parte).

físico, pois simplesmente não é uma questão de anos-luz ou quilômetros. Elas são regiões que transcendem o plano físico e, portanto, só podem ser experimentadas pela visão divina, perceptível ao terceiro olho. Por meio da meditação profunda, posso viajar para essas regiões e experimentar a bem-aventurança de estar livre dos limites da consciência do corpo. O único meio que tenho para fazer contato com elas é o pensamento.

Região incorpórea

Existe uma memória vaga e ainda assim recorrente de um local ou região acima e além de qualquer coisa que aqui vemos, tocamos ou sentimos. Os fiéis das religiões principais, no propósito de se lembrarem de Deus ou do Ser Supremo, geralmente fecham os olhos na tentativa de enviar seus pensamentos para algum lugar lá em cima.

Isso indica a existência de uma região superior que está de alguma forma conectada com a energia suprema. O local que os cristãos se referem como céu, os hindus como *shantidham* (a residência da paz) ou *paramdham* (a residência suprema) e os budistas como nirvana (nir – além, vana – som) parece ser um só. Na *Raja Yoga* ele é simplesmente chamado de "lar das almas" ou "mundo das almas".

As características básicas do mundo das almas são quietude (sem matéria) e silêncio (sem som). Em meditação profunda, essa região é experimentada como luz vermelho-dourada, que é totalmente diferente da luz física.

Como esse é o lar das almas, permanecemos completamente livres nesse elemento-luz num estado latente até chegar o momento em que temos de aparecer na região física. Antes de eu vir à Terra, estava aqui com todas as outras almas, minhas irmãs. A experiência de paz, pureza e silêncio completos e absolutos existe aqui em meu doce lar. Aqui não estou maculado pela matéria. Resido aqui na forma incorpórea, como um ponto de luz parecido com uma estrela. Permaneço dormente, com meus papéis no mundo físico imersos ou latentes dentro de mim.

Depois disso, entro no ventre materno e fico num corpo específico até que um acidente, uma doença ou a idade avançada determine que o corpo não serve mais para ser usado. Assim, eu o deixo para adotar um novo corpo-vestimenta.

Desse modo, a população cresce de forma contínua, com a entrada das almas em novos papéis e corpos a partir de duas fontes:

- novas almas estão permanentemente chegando do mundo das almas;
- as almas que já estão aqui deixam seus corpos e adotam outros, num processo chamado de morte e renascimento ou reencarnação[7].

Região sutil

Também existe uma região intermediária entre a física e a incorpórea, que pode ser chamada de "região sutil". Sua função é ajudar na renovação dos processos da região física.

No momento atual da História, esse plano sutil está servindo como um local para visões e mensagens, a fim de acelerar o processo de transformação. É como um casulo no qual a região física está passando por sua metamorfose. Por ser um processo relativamente longo e radical, a maioria dos seres humanos nem sequer percebe que ele já está acontecendo. Contudo, alguns indivíduos e grupos aqui e ali estão conscientes da influência transformadora positiva da região sutil neste momento.

---

[7] Mais detalhes sobre o assunto no Capítulo 4.

Sua característica básica é a existência de imagens de luz sem som nem matéria. Cenas podem ser observadas e pensamentos transmitidos, mas, como sugere seu nome, são sutis e, portanto, não físicas. Às vezes, são chamadas de "região angélica".

O estado original da alma

A experiência do estado original, no qual as qualidades inatas conhecem seu potencial pleno, está gravada em mim como meus *sanskars* originais. É para essa experiência fundamental que temos sempre buscado voltar. Originalmente, sou uma estrela, um ponto de perfeita paz reluzindo na extensão vermelho-dourada do mundo das almas. Estou totalmente carregado de energia espiritual, que naturalmente se manifesta como amor, alegria, paz e pureza quando primeiramente venho a este mundo físico.

Durante o período de muitos nascimentos, gradualmente fiquei apegado aos sentidos e aos seus muitos objetos e me esqueci de meus atributos originais. Minha habilidade de me harmonizar com a matéria foi sobrepujada pelo controle da matéria sobre mim.

Se pratico a contemplação de minha natureza original, vivo e faço tudo com a percepção de que eu sou uma alma e não um corpo, essas qualidades originais reaparecem naturalmente. Elas são meus atributos básicos. Buscá-las fora de mim é fazer como o veado almiscareiro, que corre atrás do doce aroma do almíscar, inconsciente de que ele está vindo de seu próprio umbigo. Paz mental é minha propriedade. Ela flui naturalmente de dentro de mim, uma vez que sou consciente da alma.

Os *sanskars* originais estão dentro de mim. Simplesmente tenho de deixá-los tornar-se pensamentos e mantê-los fluentes. O estado que eu experimento é provocado pelos pensamentos que vivem em minha mente. Pensamentos da consciência da alma trazem paz mental. Pensamentos da consciência do corpo me perturbam. Sou eu quem decide qual estado mental experimentar. Posso estar na essência natural de paz ou num estado de tumulto. Tenho o poder de decisão. As situações não decidem por mim.

Quando se está distante de casa e das pessoas amadas, é uma experiência comum sentir saudade — dá um nó na garganta só de pensar. Muito do que temos feito nos últimos dois mil anos tem sido motivado por um tipo de nostalgia espiritual que nos impulsiona a criar caminhos de busca que têm a meta declarada ou não de retornar àquele estado que varia de nome, como "imerso na luz", "no seio de Deus", "de volta à fonte" e assim por diante.

A memória da liberdade e da paz do estado original está indelevelmente impressa em cada alma. É por isso que existem tantas similaridades básicas entre as diferentes tradições de busca espiritual. A meditação serve para ativar essas qualidades originais. De forma bastante literal, a distância que me separa de meu lar é um pensamento.

Meditação *Raja Yoga* — recobrando a consciência

Na meditação não é necessário esvaziar a mente de pensamentos. Uso meu dom mais natural de pensar como um ponto de partida para a consciência do *eu* verdadeiro. Subo uma escada bem preparada de pensamentos e, por fim, deixo essa escada e fico imerso na experiência pura do que realmente sou.

A reflexão sobre o vasto campo de pensamentos puros e reais pode ocupar-me por períodos bem longos. Primeiro vem ao entendimento o fato de que eu sou uma alma, eu sou mente, intelecto e *sanskars*. Meus ouvidos, olhos, nariz, boca e pele são simplesmente órgãos por meio dos quais posso desfrutar a experiência da vida. É devido à consciência do corpo e ao desenvolvimento dos *sanskars* negativos passados que permaneci aprisionado por certos hábitos e tendências.

Posso até visualizar-me aprisionado na janela do corpo, mas eu sou a alma. Com a velocidade de um pensamento posso desapegar-me e voar como um pássaro para o mundo das almas, onde facilmente experimento meu estado original.

Durante os estágios iniciais da meditação, muitos pensamentos inúteis ocorrem. Isso se deve ao meu hábito antigo de pensar sem meta. A mente tem sido atraída ou repelida por tantas coisas. Tenho sido lançado de uma experiência a outra, de um cenário para outro. Devo romper os ciclos negativos de preocupação, dúvida e confusão internas, recarregando-me com meus próprios atributos originais de paz, pureza, amor, alegria e bem-aventurança. Devo-me certificar de que os motores de meus sentidos não estão consumindo o combustível vital de paz interna.

A meditação *Raja Yoga* é o meio pelo qual posso adquirir o direito de usar energia do pensamento e canalizá-la para controlar meus humores. Isso significa mudar meus pensamentos de raiva, ganância e frustração para um nível muito mais elevado de paz e contentamento.

Controlando o fluxo dos pensamentos

Antes de praticar qualquer ação, tenho de pensar. Ainda assim, quanto tempo eu reservo para desenvolver a faculdade do pensamento, a mente? Com conhecimento do poder do pensamento e da consciência da alma, posso aplacar as tempestades internas exercendo controle sobre qualquer mudança de humor em qualquer momento. Assim, a educação espiritual contínua com a qual a meditação me provê traz benefícios enormes tanto para mim quanto para todos os outros com quem tenho contato. A meditação não é uma experiência estática feita em certa hora do dia — é uma experiência contínua.

Pela prática da consciência da alma e da meditação, posso permanecer forte e contente internamente, aconteça o que acontecer. Eu sou uma alma e tenho meu próprio reservatório de paz, do qual posso me servir a toda hora. Posso explorar meu conhecimento de ser apenas uma alma onde quer que esteja, no campo ou na cidade, em casa ou no trabalho.

De forma muito simples e natural, eu, a alma, nas asas de meus pensamentos posso voar para meu lar eterno e mais elevado e vivenciar meus próprios atributos originais. À medida que começo a praticar a consciência da alma, aprendo a desapegar-me das situações diversas e difíceis a minha volta e a retornar naturalmente ao meu lar espiritual. A mente fica controlada, de forma automática, por esse fluxo de paz. Com o entendimento fundamental da distinção entre alma e corpo, espiritual e físico, começo a meditar.

Resumo

- Assim como o corpo tem muitos órgãos e membros, a alma tem as faculdades sutis do poder do pensamento (mente), poder do raciocínio (intelecto) e *sanskars* ou traços de personalidade, que são a base da singularidade.
- As funções essenciais da mente são pensamento, desejo, sentimento, emoção, imaginação, idealização e sensação.
- As funções básicas do intelecto são tomada de decisão, poder de raciocínio, força de vontade, julgamento, poder de discernimento, lembrança e habilidade de entender, saber e reconhecer.
- Os *sanskars* tomam a forma de hábitos, tendências, traços de personalidade, memórias, valores, credos, aprendizado, talentos e instintos.
- O processo do *eu* é interativo. Dos *sanskars* surgem pensamentos que são depois processados pelo intelecto para decidir se o

pensamento é ou não levado à ação. A experiência da ação é gravada na alma como um *sanskar*.
- O estado da alma afeta a mente, o corpo, os relacionamentos, a sociedade e, por fim, o estado do mundo. Mudar o eu significa mudar o mundo.
- Existem cinco categorias de pensamentos: inúteis, negativos, necessários, comuns e elevados. A qualidade dos pensamentos cria a atmosfera sutil.
- Consciência é a percepção que a alma tem de sua própria existência.
- Há duas categorias básicas de consciência: a da alma e a do corpo. A consciência da alma abre portas do mundo da espiritualidade e permite o desenvolvimento natural das virtudes. A consciência do corpo é a origem de negatividades ou vícios.
- A consciência da alma é o alimento da mente, que fortalece o intelecto e mantém o indivíduo além da influência da negatividade.
- Existem seis traços negativos principais: apego, ganância, egoísmo, luxúria, raiva e preguiça.
- Há três regiões da existência: o universo físico de tempo, espaço, som e movimento, a região sutil e o mundo incorpóreo, que é o lar das almas.

Capítulo 3
DEUS, A CONEXÃO PERDIDA

A conquista mais elevada de minha peregrinação interna é chegar a Deus. Em nossa jornada para o aprimoramento, alguns buscam conscientemente a verdade; outros, o amor; e ainda outros, a beleza. Se esses três aspectos — amor, verdade e beleza — fossem os que melhor resumissem as qualidades de Deus, pouco haveria a argumentar.

Infelizmente, assim como a palavra Deus tem sido usada e surrada fora de contexto, amor, verdade e beleza também perderam seu significado mais profundo.

O amor tem sido mal interpretado, confundido ou mal usado de inúmeras formas. Muitos tipos de falsidade são mascarados como verdades.

A beleza passou a ser associada com o temporário e com o efêmero. Mesmo assim, o amor, a verdade e a beleza que se resumem em Deus não tem substitutos. Por isso, a busca tem continuado.

O amor que temos entre nós como membros da mesma família mundial é inconstante e condicional. O que sinto que é verdadeiro hoje fica desacreditado amanhã. A beleza física é facilmente desfigurada. Se procuro um amor que nunca me decepcione, eu tenho com certeza buscado Deus — talvez sem nem saber disso.

Neste capítulo exploraremos os seguintes temas:

- os diferentes conceitos de Deus;
- os instrumentos para perceber Deus;
- como semelhante atrai semelhante, no plano metafísico;
- a natureza e a identidade de Deus;
- os atos de Deus;
- similaridades e diferenças entre a alma e Deus;
- meditação como uma ligação de amor.

Conceitos de *Deus*

A palavra *Deus* talvez evoque em nossas mentes imagens de alguma vaga, mas poderosa, energia ou ser. Se fosse feito um levantamento pelo mundo, entre os que acreditam em Deus, sobre a identidade e os atributos Dele, algumas das respostas mais comuns seriam as mostradas no quadro da página 83.

Se mais detalhes fossem pedidos, as mesmas pessoas afirmariam não saber quem é Deus ou o que Ele é. Muitos dizem que Deus está além da nossa compreensão. Permanecem sem respostas as perguntas: "Onde Ele[8] está? Qual é o Seu papel? Como posso entrar em contato com Ele? Qual é a relação entre Deus e a criação? O que Deus realmente faz? O que recebo Dele?".

Mesmo que fossem dadas, as respostas dificilmente seriam aceitas por todos os seres humanos.

---

[8] Apesar de Deus não ser masculino nem feminino, por uma questão de praticidade preferimos usar o Ele/Dele convencional para nos referirmos a Deus. Usar Ele/Ela tornaria o texto muito complicado, mas empregamos essa forma, às vezes, para lembrar a neutralidade de Deus. (N.E.)

Nas religiões politeístas, sempre existe um Deus que fica acima dos outros, às vezes com uma consorte, mas mesmo assim Ele é tido como o chefe dos deuses. As fés monoteístas acreditam que Deus seja um único ser supremo. Tradições, textos sagrados e monumentos, provérbios e rituais de todo o mundo apontam para a existência de um ser sábio, todo-poderoso e misericordioso, e se acredita nisso. Reza-se universalmente a Alguém reconhecido como Aquele que afasta a tristeza e é doador de felicidade — em suma, Alguém que certamente vale a pena conhecer.

Instrumentos para perceber *Deus*

Talvez eu tenha evitado a busca de Deus devido à extraordinária confusão em torno do assunto. Os epítetos são fartos — "Deus está em todos os lugares, em tudo. Deus e a alma humana são uma só e a mesma coisa. Não é possível conhecer Deus", e assim por diante.

Talvez simplesmente tenham me faltado as ferramentas com as quais seria capaz de descobrir Deus. O universo inteiro de coisas que acontecem dentro de uma minúscula gota de sangue pode ser instantaneamente revelado com o uso de um microscópio. Da mesma forma, os segredos de nossa realidade permanecem escondidos até ser revelados pelos instrumentos apropriados. Com quais ferramentas, então, posso perceber Deus?

O fato de não ter conseguido entender a mim mesmo é amplamente demonstrado pelos períodos de confusão e tumulto internos pelos quais passo. Às vezes não entendo aqueles com quem divido o mesmo quarto ou casa, sem falar em meus vizinhos próximos!

Experiência pessoal

Eu pensava na infinitude de Deus como vastidão. Quando me iniciei na meditação e me aprofundei em minha jornada interior, percebi que critérios físicos nada têm a ver com a grandeza de Deus. A única definição de infinito que fazia mais e mais sentido para mim era estar além das dimensões geométricas ou infinitesimais, isto é, estar além do tamanho. Tornou-se fácil compreender que Deus e as almas humanas podem ter a mesma forma, pois no nível metafísico tamanho nada tem a ver com atributos. A única distinção está nas qualidades, não no tamanho. Aconteceu então a grande descoberta — eu concebera corretamente a grandeza de Deus, embora isso não signifique que Ele se expanda por todo o Universo. Compreendi que a ausência de um corpo físico não significa que Deus não tenha forma. De fato, agora eu precisava saber exatamente qual era sua forma para concentrar-me nela e ter condições de receber Sua energia. Eu acreditava que Deus habitava o coração dos seres humanos. Pela meditação profunda, me dei conta de que aquilo que eu considerava a presença de Deus em mim era na realidade minha eterna e indelével lembrança Dele. Sua verdadeira morada, e também a minha, é uma só — o mundo das almas.

A palavra mal-entendido ocorre com frequência em meus relacionamentos com os outros. Isso indica que a qualidade da mente, da percepção e até da consciência não está suficientemente clara para estabelecer uma harmonia real entre mim e os outros. A percepção e o entendimento de Deus permanecem ainda mais fora de alcance.

Existe uma metodologia muito específica para primeiramente entender e organizar a mim mesmo e, a partir de então, lidar com o assunto Deus. Como foi exposto no capítulo anterior, eu já tenho o mais poderoso de todos os instrumentos — a energia de minha própria mente — para me ajudar a trabalhar. A extensão na qual consigo pesquisar o tema da percepção de Deus depende da qualidade de meus pensamentos.

Identidade e atributos de Deus

O princípio criativo
Todo-poderoso
Todo-amoroso, onisciente
Verdade absoluta
Pai supremo/Mãe suprema
Alguma forma de energia superior não-física
Deus é único, moralmente perfeito e absolutamente justo
Deus é o benfeitor supremo

Semelhante atrai semelhante

Se a qualidade de meus pensamentos influencia minha saúde física, a atmosfera a minha volta e meus relacionamentos, ela definitivamente afetará minha relação com Deus. Diferentemente da Física, em que forças contrárias se atraem, o princípio básico da espiritualidade diz que os semelhantes se atraem. Se minha mente ficar presa no giro da negatividade, a desigualdade criará uma distância entre mim e Deus.

As experiências iniciais de consciência da alma confirmam que o *eu* real tem uma existência separada do corpo físico. Com a consciência de ser uma alma, começo a ter certa mestria sobre meus próprios pensamentos e sua qualidade. O processo de eliminar a negatividade acelera-se. O simples afastamento da consciência limitada do corpo e das conexões corpóreas faz cessar o pensamento negativo da mesma forma que a lâmpada se acende e a escuridão termina com um simples toque no interruptor.

Se os exploradores jamais tivessem se aventurado além de seus países, teriam permanecido firmes na crença de que o resto do mundo simplesmente não existia. Da mesma forma, se me deixar ficar apenas dentro da esfera física e limitada do pensamento, afirmarei que não há nada além. Quando faço o esforço de sair dos limites de minhas ideias anteriores é que tenho a chance de descobrir mais.

A busca de uma fonte de amor, verdade e beleza por fim me mostra a necessidade de olhar além não apenas de meu próprio corpo, mas também de outros seres humanos e da própria matéria. Com a prática de ver o *eu* como uma alma eterna e de disciplinar a mente, crio a possibilidade de descobrir a existência e a natureza de Deus e de me aproximar Dele.

Natureza e identidade de *Deus*

Não é demasiado difícil entender o fato de que, entre tantos bilhões de almas, exista Uma que pode ser designada como Suprema, devido ao seu amor perfeito, verdade total e beleza absoluta.

A fim de manter o conceito de constância, é razoável aceitar que tal ser ilimitado jamais nasce do ventre de uma mãe nem passa pela experiência da morte. Ele/Ela nunca passa pelos estágios de crescimento nem se envolve em relacionamentos específicos com os indivíduos.

Assim como a alma humana tem uma mente, um intelecto e um conjunto específico de *sanskars* que determinam a individualidade de cada um, o Supremo também seria constituído dessas três faculdades — cada uma funcionando em seus níveis mais perfeitos. Porque Ele permanece além das coisas do mundo físico, o poder e a precisão dessas capacidades inerentes nunca diminuem. Suas qualidades originais nunca se perdem nem se restringem.

Antes de vir do mundo das almas para cá, nós também tínhamos qualidades similares às do Supremo, embora não na mesma extensão ilimitada. Se me identifico totalmente com o corpo físico, a ideia de que Deus criou os seres humanos à Sua imagem[9] pode ter-me levado a acreditar que a forma humana é a imagem de Deus. Talvez por isso tenhamos criado a figura medieval de um homem de barbas brancas sentado em seu trono, controlando, recompensando e punindo segundo o que considera justo. Nas caricaturas modernas, Deus é sempre descrito dessa forma. O paradoxo é que esse "Deus" parece ter sido criado à nossa própria imagem, tanto com nossas melhores virtudes como com nossos piores defeitos — da benevolência mais sublime ao ciúme mais poderoso.

Forma

Tudo o que existe deve ter forma. As qualidades certamente não têm forma, mas a fonte delas não pode deixar de tê-la. Por exemplo, a

---

[9] Gênese, capítulo 1, vers. 27.

fragrância não tem forma, mas a flor tem. Assim como o Sol tem forma, mas a luz e o calor que irradia não tem, Deus tem forma, mas a qualidade que Ele irradia não tem. Em outras palavras, Deus não é amor, mas fonte de amor. Deus não é a verdade, mas a fonte da verdade, e assim por diante.

Já que a alma é um ponto de luz, de energia consciente, rodeado por uma aura oval, a Alma Suprema também é. A única diferença está no grau e na intensidade das qualidades. Conhecendo Sua forma, posso trazer Sua imagem para a tela de minha mente e começar de imediato a sentir os poderes e as qualidades associados a essa ideia de beleza. Existe grande valor em meditar sobre a forma e os atributos de Deus. Em todas as culturas e religiões existe algum tipo de cerimonial em que a luz está sempre associada com o que é santo ou sagrado. É como uma lembrança da forma de Deus como luz. Velas, chamas e outras fontes de luz sempre tiveram importância nas práticas religiosas.

A experiência da proximidade da morte, na qual a entidade consciente deixa o corpo normalmente devido a algum acontecimento traumático, dá significado a esse ponto. As pessoas relatam que passam por um túnel comprido em cujo final percebem uma luz de brilho próprio e consciente. Essa luz lhes passa um sentimento de amizade e afeto, imbuído de amor sem julgamento e de compaixão. O que é interessante nesses relatos de experiências de proximidade da morte é que, independentemente de *background* religioso ou não, a ideia que se tem desse Ser de luz e amor é idêntica.

Lembrança como forma de luz nas diferentes regiões

No *Bhagavad Gita*, considerado a escritura principal do hinduísmo, podemos ler:

"*Se a resplandecência de mil sóis aparecesse nos céus simultaneamente, isso poderia ser de algum modo comparado com o esplendor daquela grande forma*"[10].

Essa frase aparece num ponto da história na qual Arjuna (que representa o ser humano) pergunta ao Supremo como "ver sua forma divina"[11]. A descrição pode representar o temor e a reverência dos devotos que escreveram a obra, ao passo que a ideia de Deus como luz certamente fica evidente.

No *Velho Testamento*, Moisés teve uma visão de Deus:

"*Apareceu-lhe o Anjo do Senhor numa chama de fogo do meio duma sarça; e eis que a sarça ardia no fogo, e a sarça não se consumia. Então disse consigo mesmo: 'Irei para lá, e verei essa grande maravilha, porque a sarça não se queima'.*

Vendo o Senhor que ele se voltava para ver, Deus, do meio da sarça o chamou, e disse: 'Moisés, Moisés, Moisés!' Ele respondeu: 'Eis-me aqui'[12]."

No *Novo Testamento*, a primeira epístola de João descreve de que maneira Jesus Cristo se referia a Deus:

"*Ora, a mensagem que da parte Dele temos ouvido e vos anunciamos é esta: que Deus é luz e não há Nele treva nenhuma*"[13].

Segundo a escritura principal do islamismo, o Corão:

"*Deus é a luz do paraíso e da terra. Sua luz é como um nicho no qual existe uma lâmpada, e a lâmpada está num copo. O copo é como se fosse uma estrela resplandecente...*"[14].

Outros exemplos

Muitas práticas religiosas antigas envolviam alguma forma de ado-

---

[10] Bhagavad Gita, capítulo 11, vers. 12.
[11] Bhagavad Gita, capítulo 11, vers. 3.
[12] Êxodo, capítulo 3, vers. 2-4.
[13] João, capítulo 1, vers. 5.
[14] O Corão, capítulo XXIV, par. 20.

ração ao Sol. Como regulador da mudança dia/noite, bem como fonte benéfica de calor e luz, o Sol é o modelo mais visível do papel mais incógnito de Deus como fonte de energia espiritual.

Eis aqui alguns outros exemplos:

- *Surya*, o Deus-Sol, é glorificado nos hinos védicos da Índia como o que tudo vê e tudo sabe, atributos similares ao posterior Deus-Sol grego, Hélios.
- O Deus-Sol egípcio Rê (às vezes, Rá) tornou-se a base de um deus universal, Áton, no reino de Iquenáton. O Deus era representado por um disco cujos raios caíam igualmente em todos, nobres e plebeus.
- No épico sumério de Gilgamesh, o Deus-Sol, Shamash, é mostrado como aquele que dá proteção constante aos heróis.
- De sua origem, na Pérsia, o Deus da luz, Mitra, trazido aos gregos pelas guerras persas, terminou como o Sol Invicto (o sol não conquistado) instituído pelo imperador romano Aurélio, como culto de Estado em 274 d.C. Uma das mais alegres festas romanas era a do Sol Invicto, em 25 de dezembro, que foi adotada pelos cristãos como dia do nascimento de Cristo, quando o chamado paganismo foi absorvido.
- Os incas adoravam o Deus-Sol Inti — sol ainda é o nome da moeda peruana (hoje, sol novo).
- A religião asteca foi centrada em *Huitzilopochtli*, também um símbolo do Sol.
- Os índios das pradarias norte-americanas representavam a reverência quase universal ao Sol em sua famosa "dança do Sol".
- No Japão, a Deusa-Sol, Amaterasu, foi a governante suprema do mundo e a divindade do clã imperial. Seu símbolo, o Sol, continua representado na bandeira japonesa.
- Os seguidores do zoroastrismo adoram Deus como o fogo.
- O guru Nanak, fundador da religião *sikh*, chamou Deus de Ek Omkar, o Ser Incorpóreo.

Deus, luz para todos

Cristianismo, a luz eterna que representa um Deus vivo

Áton, deus egípcio mostrado como o disco do Sol

Biaime, o supremo sonho aborígene, representa a energia que aquele ser dá a todos a sua volta

Shamash, deus-sol babilônio

Ahura mazda, o disco alado de Zoroastro

Inti, o deus supremo dos incas

O menorah do judaísmo, a luz que reacende outras luzes

A imagem de forma oval

Em toda a Índia, a representação mais comum de Deus é um pilar de forma oval que é adorado pela aspersão de leite e outras oferendas. É chamado de *Shiva-lingums* e representa o princípio criativo. Os nomes dos templos onde são colocados esses pilares atestam isso: *Somnath*, o Senhor do Néctar; *Vishwanath*, o Senhor do Universo; *Mukteshwara*, o Senhor da Libertação.

Depois de Deus ter falado com Jacó, o neto de Abraão, ele *"erigiu uma coluna de pedra no lugar onde Deus falara com ele; e derramou sobre ela uma libação, e lhe deitou óleo"*[15].

De acordo com a lenda islâmica, quando Adão deixou o paraíso foi para uma colina onde viu uma pedra branca oval que brilhava. Em volta dessa pedra, ele andou em círculo sete vezes louvando a Deus. Então construiu a Caaba. Na época de Abraão foi necessário que a reconstruíssem como um templo em honra ao Deus único. A cidade de Meca cresceu em volta desse local. Essa pedra oval, mais tarde chamada de *Sang-e-aswad* e agora escurecida pelos beijos de milhões, como dizem, é o maior objeto de peregrinação do islamismo.

Uma seita budista do Japão concentra a mente numa pequena imagem oval. Eles a chamam de *Karni*, o doador de paz.

O fato de muitas de nossas tradições parecerem apontar para o mesmo ser de luz é o testemunho do fator comum que une a humanidade como uma só raça.

Todos nós temos prestado adoração e tentado descobrir o mesmo Deus. Só existe um Deus e sua forma é luz. Se a união entre a alma e a Alma Suprema tem de acontecer, isso só será possível se houver o conhecimento dessa forma.

---

[15] Gênese, *capítulo 35, vers. 14.*

Nome

Tudo o que tem forma também tem nome. Do mesmo modo, Deus tem nome. Existem tantos nomes para Deus quantas são as línguas, e cada nome exalta uma das qualidades de Deus, mas há um nome que talvez O descreva melhor.

Quando uma alma humana toma um corpo, é o corpo que recebe o nome, e não a alma. O nome de Deus é eterno e baseado em atributos e funções. Quando Deus estava falando a Moisés, Ele disse: *"Apareci a Abraão, a Isaque e a Jacó como o Deus Todo-Poderoso, mas pelo **meu**[16] nome, O Senhor (Jeová), não lhes fui conhecido"*[17].

O nome Jeová provavelmente está relacionado com a palavra sânscrita *Shiva*[18], que descreve Deus com bastante precisão. Ele tem três significados: benfeitor, semente da criação e ponto-fonte — e implica a impossibilidade de haver outro criador superior a Ele. Descreve Sua forma como um ponto e Seu papel de benfeitor e semente da humanidade.

O nome *Shiva* é a apresentação de Deus, mas na meditação outra palavra é mais aplicável: *baba* ou pai (literalmente pai ou mais velho), que expressa a proximidade e a doçura do relacionamento que tenho com Deus. Assim, o nome *Shiva Baba* expressa o papel de Deus e meu relacionamento com Ele.

Residência

Quando voltamos nossas mentes para Deus, não importa onde possamos estar ou de que cultura sejamos, a primeira coisa que

---

[16] Grifo do autor.
[17] Êxodo, capítulo 6, vers. 3.
[18] Shiva não deve ser confundida com a figura mitológica hindu chamada Shiva. Esta é às vezes também chamada de Shankar ou Shiv-Shankar.

normalmente fazemos é fechar nossos olhos para ir além do mundo das pessoas e dos objetos. Intuitivamente, sabemos que Deus existe além da matéria. Se nós mesmos somos almas, e não corpos, nossa existência real e eterna está em outro plano. É nessa mesma dimensão que Deus existe.

O lar da alma é uma região de luz vermelho-dourada e sutil que pode ser visualizada durante a meditação. É dessa região que viemos para assumir nossas formas corpóreas. Assim como nosso lar real é o mundo das almas, ele também é o lar do Ser Supremo. Isso não significa que Ele/Ela esteja a milhões de anos-luz de nós. Podemos chegar a Ele com um pensamento, assim como uma chamada telefônica faz contato instantaneamente. Ele/Ela está apenas a um pensamento de distância de nós.

Nessa região de absoluta quietude, silêncio e pureza, Deus é capaz de permanecer perfeitamente estável, constante e imutável, enquanto o resto do Universo e as almas passam por mudanças incessantes.

Atributos

Por causa de nossas similaridades de forma e residência, entendo Deus com base em meus próprios atributos originais de paz, pureza, amor, verdade, poder, felicidade e equilíbrio. Ao sintonizar meus pensamentos com Ele, Sua influência começa a ativar em mim essas qualidades originais.

Deus tem sido descrito com frequência como o "Oceano de Todas as Qualidades" — sem limites e constantemente disponível. É importante pensar nesse ser de luz não apenas como a fonte de todos os atributos positivos, mas também em termos de relacionamentos diversos.

A superioridade de Deus reside na profundidade, precisão e continuidade de Seus atributos. Enquanto as almas humanas oscilam entre qualidades, tais como paz e inquietude, amor e conflito, conhecimento e ignorância, agonia e êxtase, Deus é sempre constante. Ele permanece além dos campos da mudança e relatividade.

> Face a face, o local de encontro no olho da mente.
> Coração a coração, você preenche o meu papel
> com o que há de mais elevado.
> Impressões para a eternidade, meu Amor.
> Gravadas para toda a História, meu Amor.
> Não podia imaginar que Você viesse para mim
> de forma tão simples e me oferecesse a doçura de
> Suas palavras. Mente a mente,
> Você limpa o caminho para os Seus tesouros.
> Você e eu, abraçados em pensamento para sempre, selados à
> Verdade eternamente, meu Amor.
> Vivendo uma vez mais na Luz, meu Amor.
> Não podia imaginar que
> Você viesse para mim de forma tão simples
> e me oferecesse a magia de Suas palavras.

Relacionamentos

Como sou capaz de fazer minha própria ligação com Deus, desenvolvo em minha personalidade os aspectos que estão faltando.

Nos relacionamentos com outros seres humanos, tenho tentado preencher as lacunas de minha estrutura emocional. Posso agora preencher o que está faltando por meio do contato afetuoso com a Fonte Suprema de todos os atributos.

Deus como Mãe e Pai

Na maioria das tradições, Deus é uma figura masculina. Assim como a alma não é masculina nem feminina, Deus não tem gênero. Portanto, como uma alma, posso me aproximar sem me preocupar com o gênero do corpo em que agora estou.

Em termos absolutos, esse Ente é a Mãe Suprema cujo amor é inteiramente misericordioso. Não importa o que tenha acontecido, como eu seja, bom ou mau, sinto Sua aceitação incondicional. É um amor que dá poder e purifica. Ela é também o Pai Supremo que oferece proteção e a herança das qualidades divinas. É uma questão de simplesmente ser uma criança inocente e reivindicar essa herança — abandonando toda a tristeza e dor que tem pesado na alma.

Esses são os dois primeiros relacionamentos que tem de ser experimentados: Deus como Mãe e Pai. Na personalidade perfeita do Supremo, existe o princípio feminino de afeto, doação e aceitação. Isso é perfeitamente equilibrado com o princípio masculino de poder, autoridade e força. Ele é Ela e Ela é Ele.

Esses relacionamentos parentais com Deus como Mãe e Pai são a base de meu desenvolvimento espiritual. O conceito de ter um novo nascimento espiritual — de deixar o passado e desenvolver uma nova consciência — é um conceito familiar. Refere-se à ideia de me tornar uma criança inocente de novo no sentido de pureza, abertura e encantamento.

Já a consciência do *eu* como alma muda minha perspectiva enormemente, mas a consciência de ser um filho de Deus e de olhar os outros com essa visão traz autoestima, dignidade, amor e respeito. Assim, todas essas coisas extravasam para as minhas conexões com os outros. Se eu me respeito e valorizo, farei o mesmo com os outros.

Devido ao fato de Deus ser uma alma, nem velho nem jovem, nem feminino nem masculino, e de ter a personalidade mais perfeita, existem muitas formas diferentes pelas quais posso envolver-me com o mais puro e elevado dos relacionamentos.

Benefícios de outros relacionamentos

Professor	Descoberta da sabedoria e da verdade.
Guia Supremo	Diretrizes para cada passo no caminho espiritual.
Amigo	Conversação, apoio em qualquer momento.
Amado	Compartilhamento de assuntos íntimos, apoio duradouro.
Gerente	Presteza em executar instruções.
Filho	Doação de tudo o que tenho.
Médico	Diagnóstico correto e cura das fraquezas.
Corretor de valores	Investimento sábio em meu futuro.

Propósitos do relacionamento com *Deus*

Raja Yoga significa relacionar-se com Deus. É o único relacionamento que pode transcender a duração de uma vida, que é o

Experiência pessoal

Quanto mais adentrei o caminho, mais pude compreender algumas das contradições com as quais eu havia me acostumado.
A questão surgiu: se Deus, o Poder Supremo, está em cada átomo ou mesmo em meu coração, onde estão Suas qualidades de paz, amor e sabedoria?
Certa vez alguém me disse que existe uma cortina de ignorância e ilusão (maya) que me separa do entendimento completo do Deus interior.
Será que essa cortina de ilusão é tão poderosa que pode encobrir Deus?
Nesse caso ela seria Deus!
Se fosse onipresente, Ele também seria a cortina.
Se eu sou permeado por Deus, como a ignorância poderia ter vindo a mim em primeiro lugar?
Será que a ignorância pode afetar Deus?
Se Deus está em mim e em toda parte, para onde posso dirigir meus pensamentos se quero pensar Nele?
Assim, as perguntas continuaram...
À medida que a cortina da consciência "eu, o corpo" foi sendo removida, comecei a ter noção de minha verdadeira existência.
Eu não sou o corpo físico.
Na hora da morte, eu o deixo para trás.
Como um ser eterno, estou envolvido em outra dimensão onde não há nem tempo nem espaço.
Se posso existir nesse plano sutil, como é possível que Deus permeie o universo físico?

limite das ligações humanas. Indo além de tempo e distância, é o único relacionamento contínuo. Mesmo que eu o esqueça, ele não termina.

A essência do *yoga* ou união está incorporada numa ideia que ocorre nas tradições tanto orientais quanto nas ocidentais — Deus cria os seres humanos à Sua própria imagem. Deixo que minha mente passe a se comunicar com Deus para que se torne limpa e possa se preencher desse amor puro e perfeito, canalizando esse mesmo amor para o mundo. Pelo contato e relacionamento com a Mente Suprema, que não tem barreiras, limites nem impurezas, a qualidade de minha mente se transforma. Sou afastado das percepções limitadas e parciais e levado a um estado de pureza e clareza no qual só pode haver verdade. Sou capaz de mudar meus traços de personalidade com base nessa influência, de forma que minhas ações sejam motivadas não apenas pelo que quero, mas pelo que é benéfico para o *eu* e para os outros.

Ser criado à imagem de Deus é um processo que não tem nada a ver com a criação do corpo, mas com a reenergização de minhas qualidades originais por meio do *yoga* (ligação) com Ele. É a mudança da humanidade para a divindade.

A presença de *Deus*

Preciso entender que Deus é uma pessoa (embora uma Pessoa Suprema) como nós, e não uma energia difusa e impessoal. Se conheço forma, localização e atributos de Deus, posso dirigir meus pensamentos para Ele e imediatamente começar a sentir a conexão.

O sentimento contido na frase "Senhor, onde quer que eu esteja, Vós estais comigo" indica a proximidade entre a alma e Deus. Ela expressa a experiência da presença de Deus de forma similar ao relacionamento de dois amantes que levam um ao outro em seus corações. Desse modo, a experiência de Deus é uma experiência espiritual que eu posso ter onde quer que eu esteja. Não significa literalmente que o Ser Supremo permeie tudo. É um sentimento, e não um fato.

O Sol é a fonte que atende nossas necessidades físicas. Ele purifica a água, faz com que as plantas cresçam para produzir alimento e oxigênio, e fornece uma gama adequada de climas para a nossa vida física. Para dar vida, ele não precisa estar presente em cada partícula. Seu efeito na forma de luz e calor é sentido por todo o sistema solar.

Da mesma maneira, para a prática efetiva da meditação *Raja Yoga*, Deus é visto como um sol de atributos perfeitos, a fonte de qualidades e poderes espirituais e, como tal, não precisa estar presente em tudo. Mesmo que Sua residência seja o mundo das almas, Deus pode estar comigo, pois o sentido de proximidade está além das dimensões físicas.

Um pensamento e estou na presença de Deus!

O poder de *Deus*

Os poderes de Deus geralmente são mal-entendidos. Pensamos que, devido ao fato de Deus ser todo-poderoso, Ele/Ela pode fazer absolutamente tudo e ter influência direta sobre a natureza e sobre nossas vidas. Nascimento e morte, acidentes e calamidades naturais fazem parte da interação entre as próprias almas humanas e, diretamente, entre elas e a matéria. Isso não tem nada a ver com Deus.

As leis físicas, químicas e biológicas da natureza são automáticas e não necessitam da intervenção de Deus. Nossas vidas são, na verdade, governadas pela lei do *karma*[19], ou de causa e efeito.

---

[19] Veja Capítulo 4.

Felicidade e tristeza são resultados automáticos de nossas *próprias* interações. As coisas boas e ruins não são nem as bênçãos de Deus nem a falta delas, mas resultado de nossos próprios atos.

Num estado de fragilidade espiritual, incuto muitas contradições em minha esfera mental. Por um lado, digo que Deus está além de minha compreensão; ainda assim, quando acontece algo que eu não compreendo, geralmente recorro à frase: "É a vontade de Deus".

Entretanto, meu coração pergunta: "Se Deus é o Oceano de Amor, certamente Sua vontade não seria a manifestação desse amor?" Não é Sua vontade matar as pessoas nem é Seu poder trazê-las de volta à vida. Deus não faz com que a grama cresça e o vento sopre, nem une a energia dos átomos. Ele não é o distribuidor de nossos papéis. É por interpretarmos mal Seus poderes que buscamos Seu favor em nossos locais de adoração: "É a vontade de Deus".

Deus não pode infringir leis imutáveis que governam Sua interação com as almas e a matéria, muito menos conceder favores a alguns e não a outros. Deus não removerá minhas cargas a menos que eu faça os esforços necessários para isso. Ele/Ela é imune tanto a elogios quanto à difamação.

A grandeza de Deus não reside na habilidade de intervir nos eventos sempre que Ele/Ela quiser, mas apenas no fato de ser o único no Universo que mantém as leis perfeitas, e para sempre.

A Alma Suprema usa Seu poder para benefício do mundo — para transformá-lo quando ele chega à degradação extrema. O poder de Deus é puramente espiritual!

O conhecimento de *Deus*

O conhecimento de Deus também é espiritual. Ele pode ser o Oceano de Amor e Paz devido ao que sabe. Entender este mundo não significa necessariamente conhecer os movimentos detalhados de cada folha ou molécula. Tudo o que é necessário é entender as condições pelas quais as coisas acontecem.

As leis da natureza automaticamente cuidam dos detalhes do universo, assim como a lei de causa e efeito (*karma*) cuida dos detalhes da vida humana.

Para desempenhar Sua tarefa, não é necessário que Deus conheça cada pensamento nosso ou cada segredo que temos.

Tudo o que acontece faz parte de uma peça eterna que Deus não criou, mas na qual Ele se encontra como o ator principal — e Ele sabe disso. Ele e apenas Ele tem o direito de transmitir conhecimento, independentemente das razões humanas.

Se soubéssemos o que Ele/Ela faz, então talvez pudéssemos sair da confusão que criamos, com muito sucesso, para nós mesmos.

Os atos de *Deus*

Deus tem um papel para desempenhar na peça da criação, assim como nós. Apesar de o Seu papel permanecer polêmico, é essencial analisarmos todas as possibilidades, de maneira lógica e sem paixão, a fim de extrair os melhores ensinamentos.

Deus, almas e matéria

A interação dos componentes básicos de nossa existência pode ser resumida nos seguintes pontos:

- Existem três realidades operantes distintas e eternas, cada uma com seus próprios poderes e funções: Deus, almas e matéria (ou natureza). Elas estão separadas, mas trabalham juntas para produzir todos os cenários da criação.

- Há dois campos de existência: o físico e o metafísico. Os dois campos agem, reagem e interagem para produzir todos os eventos da peça da criação, da qual todos fazemos parte, inclusive Deus.
- No nível físico, existe a interação entre as almas e a matéria, que produz todos os fenômenos.
- No nível metafísico, existe a interação entre as almas e Deus, nossa lembrança e esquecimento Dele, o que produz os interessantes enredos e subenredos a que chamamos História do mundo.
- Deus age nas almas e elas, por sua vez, agem na matéria, que simplesmente acompanha as mudanças das almas. Quando elas entram no processo de entropia, a matéria simplesmente as segue.
- Deus não criou a Si mesmo, não criou as almas humanas nem criou a matéria.

À medida que entendo com mais profundidade a lei de causa e efeito, abordada no próximo capítulo, constato que é impossível Deus ter sido o criador físico literal deste mundo e dos seres humanos.

Deus como Criador

A razão me diz que a energia espiritual e material na forma de almas e matéria não apareceu de repente e simplesmente do nada. A Primeira Lei da Termodinâmica declara que a energia não pode ser nem criada nem destruída.

A própria matéria é uma forma de energia condensada. As almas também são pontos de energia conscientes. *As duas não são criadas; portanto, são eternas.*

A Segunda Lei nos mostra que a energia, quando em uso, move-se de um estado potencial, no qual está disponível, para um estado de consumo, no qual não está mais disponível.

Combinando as duas leis, temos o que parece ser um sistema cujos componentes básicos não têm começo nem fim. Eles movem-se para um estado de exaustão de energia (entropia). Se o tempo fosse linear e não houvesse intervenção externa, o universo, durante um tempo incrivelmente longo, simplesmente se consumiria.

Felizmente, para as almas humanas e para os elementos da matéria, existe uma fonte de energia suprema exterior ao processo que, dessa forma, retém seu potencial inicial. Quando as coisas atingem um certo estado de fraqueza e caos, a Alma Suprema desempenha Seu papel de reenergizar as almas. A recuperação do estado original delas, por sua vez, tem efeito direto sobre a matéria. Ela também volta ao próprio estado original de perfeição.

Se, como foi mostrado, a presença, o poder e o conhecimento de Deus são puramente espirituais, a criação tem de ser um ato espiritual, e não um ato físico. A criação pode ser entendida como a regeneração ou a remodelação do que já existe. Deus recarrega a energia gasta das almas.

O versículo bíblico *"No princípio era o Verbo, e o Verbo estava com Deus, e o Verbo era Deus..."*[20] indica uma das qualidades básicas da Alma Suprema como imagem do conhecimento. Ao transmitir o conhecimento claro e conciso da alma e de seu relacionamento verdadeiro com Deus, os seres humanos conseguem conectar-se uma vez mais com a fonte de poder espiritual. Sua transformação tudo muda.

Deus como Sustentador

Novamente tenho de entender a diferença entre a sustentação física e a espiritual. Posso pensar que Deus é o sustentador porque Ele

---

[20] João, capítulo 1, vers. 1.

nos dá bens, riqueza, saúde, comida, água, ar e assim por diante. Se fosse assim, por que Ele deveria dar mais dessas coisas a alguns que a outros? Por que pobreza, fome e doença, se Deus é um sustentador e fornecedor de tudo no sentido físico?

Tudo o que eu tenho é mérito meu, eu conquistei sozinho. Não é Deus quem paga os salários. Quaisquer frutos que ganho são o resultado de meu próprio esforço.

Como sustentador espiritual, Ele nos preenche com Seu poder, virtudes e conhecimento para nos ajudar em nosso empenho espiritual, mas não coloca o pão em nossas mesas.

Deus como Destruidor

Existem muitas alegorias de um Deus vingativo, que destrói exércitos inteiros que ousaram colocar-se entre Seus escolhidos. Nós, inclusive, fomos à guerra exaltando a justiça de nossas causas e contando com o apoio de Deus. De alguma forma, o coração rejeita a ideia de Deus como destruidor da vida. Ele/Ela é o destruidor do mal e criador da virtude.

Por exemplo, existe a história da travessia do Mar Vermelho pelos israelitas[21] e da subsequente destruição dos senhores de escravos egípcios. Essa história aparece em muitas culturas, embora nomes, locais e datas variem. De um lado, existe a terra de aflição e sofrimento (nesse caso, o Egito); de outro, existe a terra de leite e mel, a Terra Prometida. No meio, há um mar aparentemente intransponível que, pela graça de Deus, de repente se abre e os escolhidos podem atravessar. Atrás deles, seus ex-perseguidores são engolidos à medida que Deus fecha as águas sobre eles. A história é obviamente simbólica.

Os escolhidos, os verdadeiros seguidores de Deus, têm o seu caminho facilitado por sua orientação certeira. Eles deixam o

---

[21] Êxodo, capítulo 14.

sofrimento para trás e fazem a jornada para o outro lado — para o *prometido* mundo elevado. As fraquezas, suas ex-carcereiras, tentam segui-los, mas são exterminadas completamente com a ajuda de Deus.

Similaridades e diferenças entre a alma e *Deus*

Existem tantas diferenças entre as almas e a Alma Suprema que não é lógico considerar o *eu* igual a Ele, nem na função nem no poder. Ainda assim, a união ou *yoga* com Deus é baseada nas similaridades, e não nas diferenças.

Similaridades	Diferenças
Mesma forma e tamanho.	As almas humanas perdem seus atributos devido à sua identificação com o corpo; Deus nunca entra no ciclo de nascimento e renascimento.
Mesma eternidade.	As almas humanas oscilam em natureza. Deus permanece eternamente estável.
Mesmo estado original: puro, cheio de virtudes e poder espiritual.	Nós esquecemos quem somos e de onde somos. Deus retém o conhecimento do processo inteiro.

Meditação — uma ligação de amor

Com o conhecimento, crio uma ligação com Deus, que, se for apenas uma conexão intelectual, não permanecerá estável. Pelo entendimento do método da *Raja Yoga*, posso construir uma ponte entre mim e o Supremo. Porém, é apenas com amor que posso atravessá-la. Se não houver nenhum conhecimento, não haverá ponte. Ter apenas amor deixa-me no meu lado da ponte, só e frustrado.

Usando como ponto de partida uma apreciação profunda do método da meditação, passo a desenvolver a experiência do amor puro por Aquele que é a essência de todos os relacionamentos: Mãe, Pai, Professor, Amigo, Guia, e assim por diante. Qualquer relacionamento no qual exista afeição é possível entre a alma e a Alma Suprema.

Devido à natureza sutil da prática da meditação, uma abordagem intelectual será inadequada. Os dois, alma e Deus, são incorpóreos. É apenas o amor que pode impulsionar-me para Ele e manter essa ligação de forma concentrada. Na *Raja Yoga*, medito não apenas sobre mim mesmo, mas também sobre a natureza e as qualidades da Alma Suprema. O propósito principal da meditação é ser capaz de criar a comunicação com Deus para conseguir um relacionamento com Ele.

Talvez eu já tenha tido a experiência de amor profundo por Deus sem nenhuma consciência disso. Nesse caso, meditar sobre Deus ou lembrar-me Dele com amor é fácil. Para outros, o amor cresce com base no aprofundamento das experiências.

Em termos humanos, pode haver um sentimento espontâneo de amor por alguém; em outro nível, posso reconhecer a necessidade da presença dessa pessoa em minha vida e, assim, o relacionamento cresce. Ele é construído com base nessa necessidade. Infelizmente, devido às nossas limitações, sempre parece haver um preço a pagar. Isso acontece, basicamente, porque cada ser humano tem uma carência. Cada um de nós busca os outros para conseguir preencher essa carência.

A ideia de Deus como a fonte absoluta é muito atraente. Na meditação existe a consciência de que estou me voltando para a fonte de amor que nunca esperará nada em troca. Ele/Ela é a única alma que não tem nenhuma necessidade!

Existem quatro passos na prática da meditação
Desapegar o eu do pensamento negativo, inútil e mundano.
Criar pensamentos puros ou elevados sobre meu estado original e sobre meu lar original.
Visualizar-me como um ponto de energia de luz consciente diretamente diante de Deus em Sua forma radiante de luz.
Ficar aberto para receber o amor de Deus.

Transmissor e receptor

A analogia com um transmissor e receptor de rádio ajuda-me a entender a natureza da meditação. As transmissões são recebidas de acordo com as frequências que sintonizo. Se minha mente está sintonizada com o mundo dos seres humanos, eu recebo esse tipo de mensagem. Se faço esforço para levar minha consciência acima de tudo isso, então consigo captar a mensagem da Alma Suprema. Tais experiências não são apenas para a realização do eu — são experiências de autotransformação.

Independentemente de o meu relacionamento com Deus começar por amor puro ou de o amor se desenvolver gradualmente, a descoberta mais poderosa é o fato de que é com base nesse relacionamento que posso, na realidade, começar a mudar. Funciona como nas relações humanas: quanto mais íntimas, maior será sua influência.

O processo interativo entre mente, intelecto e *sanskars* — ou, em outras palavras, pensamento, decisão, ação, impressão e estímulo para mais pensamentos — precisa de uma infusão de poder para deter seu ciclo negativo. Quando há inclinação para vícios — ocasionais ou insidiosos, como raiva, apego ou ganância —, a única forma de romper seu ciclo é recorrer a esse poder.

Conhecer-me é uma coisa, reconhecer minhas próprias fraquezas e forças é outra coisa. A negatividade do mundo externo estimula meus próprios defeitos mesmo que eu saiba existir, em algum lugar dentro de mim, um tesouro de virtudes que parece estar escondido muito profundamente. Aprender a buscar a beleza do *eu* e minhas qualidades originais é definitivamente o primeiro passo.

Ainda assim, preciso de poder para conseguir livrar-me da terrível armadilha na qual caí. Sozinho não sou capaz de gerar esse poder. Se me volto para outro ser humano, isso se torna outra armadilha por si só. Um viciado que tenta dar apoio a outro não é o meio mais efetivo de gerar poder para a transformação.

A alternativa é voltar-me para a fonte de poder espiritual — Deus, a Alma Suprema. Chegar ao entendimento de que preciso da ajuda do Supremo não é um sinal de fraqueza, mas de sabedoria e reconhecimento.

É a consciência da alma que cria os fundamentos para eu ter esse entendimento Daquele em quem vou buscar forças. Além de ser a fonte de amor, verdade e beleza, o Ser Supremo também é a fonte de poder e luz. A conexão com Ele coloca ao meu dispor todas essas qualidades. Simplesmente o que tenho de fazer é formar essa ligação — tudo começa a fluir internamente.

O único esforço que faço é o de sintonizar minha consciência. Essa é minha responsabilidade.

Se me permito andar em círculos, mesmo que a ajuda esteja sendo oferecida, eu não saberei como aproveitá-la. Estarei inconsciente de sua disponibilidade.

É necessário sentir com profundidade e amor cada uma dessas ligações, e não apenas pensar no Ser Supremo como um ponto de luz.

Os benefícios da meditação são resumidos da seguinte forma:

- Transformação dos traços negativos da personalidade.
- Obtenção de poder para o autocontrole (por exemplo, numa situação de raiva ou irritação, a alma é capaz de superar suas tendências negativas).
- Melhoria da visão que a pessoa tem de si e dos outros.
- Realização emocional interior por meio de cada um dos relacionamentos.
- Reposição da energia mental perdida ou gasta.

É quando descubro a arte do silêncio e como acalmar a minha mente que percebo quanta confusão e rebeldia existiam anteriormente. Nesses primeiros momentos de paz indescritível na meditação, todo o adiamento do esforço para melhorar espiritualmente é visto de forma clara: simplesmente perda desnecessária.

O assunto de Deus assume novo significado, no mínimo porque Nele posso encontrar a fonte de poder e amor para superar as consequências de meu estado enfraquecido, no qual a negatividade proliferou de modo descontrolado.

Preciso conhecer o *eu* e estar calmo para ser capaz de fazer a conexão mental ou união com a Alma Suprema. Preciso igualmente saber em detalhes quem, o que e por que Deus é, para que o contato não seja apenas teórico, mas tão real que possa desabrochar num relacionamento significativo. A *Raja Yoga* em seu sentido mais profundo tem exatamente este objetivo: aprender a desenvolver um relacionamento com Deus.

Resumo

- O significado mais profundo da meditação *Raja Yoga* é a conexão da alma individual com Deus, a Alma Suprema.
- Para fazer isso, preciso ter uma ideia clara de como e onde me conectar, isto é, forma, nome, residência e atributos.
- A alma e a Alma Suprema têm a mesma forma: um ponto-estrela de energia consciente circundado por uma aura oval.
- O lar da alma e de Deus é o mesmo — o mundo das almas.
- O melhor nome para descrever Deus é *Shiva* — o benfeitor incorpóreo, semente da criação.
- Deus é a mente e o intelecto perfeitos. Seus *sanskars* são de amor, paz, felicidade, verdade, pureza e equilíbrio ilimitados. As almas humanas têm esses atributos em seu estado original, mas Deus é imutável. Ele é o oceano constante de todas as qualidades positivas.
- Deus é a essência de todos os relacionamentos: Mãe, Pai, Professor, Guia, Amigo, e assim por diante.
- A presença, os poderes e o conhecimento de Deus são espirituais e não físicos.
- Os três atos de Deus, criação, sustentação e destruição, são espirituais.
- Ele/Ela cria ou recicla o processo histórico pela renovação das almas humanas e pela transmissão de conhecimento. Ele/Ela sustenta o espírito pela força desse conhecimento e poder. Ele/Ela destrói as tendências negativas das almas humanas.
- Meditar significa relacionar-se com Deus por meio das lembranças de Suas qualidades e da tentativa de agir de acordo com elas.

O *karma* ensina que sou o criador de meu pequeno mundo.
Sou também o criador do ambiente que me cerca.
Em um nível mais amplo, sou, junto com Deus,
o coautor do mundo futuro.

Capítulo 4
KARMA E YOGA

Os passos são a parte mais importante de qualquer jornada. O processo de chegar lá é tão importante quanto o fato de chegar. Os passos de minha jornada para uma consciência mais elevada são o que faço na realidade, e não o que simplesmente penso ou digo. Intelectualizar as ações elevadas é ótimo se eu tiver a determinação de realizá-las. Preciso saber como traduzir para a realidade o que eu aprendo por meio de informações.

Enquanto estou inconsciente de minha verdadeira identidade, não é possível descobrir o impacto ou a impressão, na forma de um sanskar, que cada ação realizada provocou em mim. Algumas dessas impressões tem efeito benéfico e outras não.

Ao entender o relacionamento entre meu estado de consciência e minhas atividades do dia a dia, posso começar a transformar a minha vida. As sementes das ações estão no meu estado de consciência. Os frutos estão nas situações que crio para mim mesmo. Ao aprender sobre a natureza sequencial do que acontece a minha volta e dentro de mim, posso tomar as rédeas de meu destino e empregar os instrumentos para mudá-lo.

Também preciso compreender o papel que Deus desempenha nos assuntos humanos. Eu não deveria tentar culpar um demônio alegórico pelos vícios que assolaram os valores e as atividades humanas nem esperar ilogicamente que o Ser Supremo acertasse as contas sem nenhum esforço de minha parte. Ambas as atitudes tiram de meu alcance a mudança verdadeira e levam-me a oscilar entre o desespero, num extremo, e a súplica por socorro, no outro.

Se existe um só processo no qual todos os seres e coisas estão presos, ele afeta todos nós, sem exceção. Sabemos que existem leis físicas, biológicas e químicas que são exatas e imutáveis. Por exemplo, o hidrogênio sempre reage com o oxigênio para formar a molécula de água sob determinadas circunstâncias. Assim como essas leis governam o comportamento das partículas físicas, existem leis que governam o comportamento das entidades metafísicas chamadas almas.

À medida que começo a avançar no caminho espiritual, fica cada vez mais importante entender e assumir o processo que alguns chamam de lei do karma. A espiritualidade também possui leis sistemáticas.

Neste capítulo, exploraremos os seguintes temas:

- uma definição clara da lei do *karma*;
- o papel que Deus desempenha nos eventos humanos;
- as evidências do processo *kármico* e do renascimento;
- a *karma yoga* nas ações e nos relacionamentos;
- como fortalecer a consciência e mudar hábitos profundamente arraigados;
- quatro tipos diferentes de *karma*: para o *eu*, para ou com os outros, para o lazer e para o benefício espiritual dos outros.

Definição de *karma*

A palavra *karma* foi passada para o Ocidente e alterada por algumas conotações negativas. No uso comum, ela quase sempre está relacionada ao sofrimento. Na realidade, simplesmente significa ação. Quando nos referimos à lei do *karma*, isso definitivamente indica ação e seu resultado ou, meramente, causa e efeito.

É o equivalente metafísico da terceira lei de Newton — para cada ação há uma reação de igual intensidade e oposta.

O poder absoluto da lei do *karma*

A palavra "absoluto" pode ser usada em referência à lei do *karma*. Não posso brincar inconsequentemente com ela. As leis humanas podem ser ajustadas, manipuladas até desviadas, mas com a lei do *karma* simplesmente não se pode fazer isso.

Tudo o que arremesso vai voltar para mim. Vou colher o fruto de tudo o que semeio. No nível físico não há nenhuma lacuna de tempo entre ação e sua reação. Eu atiro uma bola para cima e ela cai de volta imediatamente com a mesma força. Contudo, pela lei do *karma* pode haver alguma demora entre o semear e o colher. As sementes de certas ações trazem resultados instantâneos. Outras podem levar anos ou mesmo vidas para dar fruto.

Se eu comer muito chocolate, verei as repercussões ou o efeito *kármico* dessa gula dentro do espaço de trinta minutos. Contudo, o retorno de muitas ações vem muito mais tarde, criando consternação em meu esforço de entender o que está acontecendo. Vejo os efeitos das ações e não percebo que a causa, na realidade, pode estar numa vida anterior. Existe uma conexão total entre a causa e o efeito.

Numa escala maior, posso pensar numa calamidade natural — tal como uma enorme tempestade que derruba casas, vira carros e mata pessoas. A causa física pode ser o encontro de sistemas de pressões atmosféricas altas e baixas. Na hora, não tem utilidade nenhuma dizer que é um ato de Deus. Na hora, não é habitual reconhecer que tal problema pode ter suas raízes num processo de desequilíbrio ambiental iniciado pelos seres humanos há centenas de anos.

No nível pessoal posso dizer que não há nada que me aconteça pelo que eu não seja responsável. Independentemente de eu me lembrar do que fiz para que aquilo acontecesse, se entendo aquilo ou não, no final eu sou responsável.

Posso pôr em prática essa ideia imediatamente. Se quero mudar os resultados, eu tenho de mudar meus pensamentos e ações. Por exemplo, se tenho bons pensamentos para com os outros, esses pensamentos vão atingi-los. Sejam quais forem os sentimentos dos outros para comigo, se eu tiver bons desejos para eles mais cedo ou mais tarde os sentimentos deles para comigo começarão a mudar e o relacionamento melhorará.

A qualidade dos pensamentos determina meu nível pessoal de felicidade. Nossas naturezas mentais são o resultado de tudo o que pensamos. Elas são ordenadas por nossos pensamentos, formadas por esses pensamentos.

As primeiras palavras de Buda no Dhammapada sublinham essa verdade profunda: *"Se um homem falar ou agir movido por um mau pensamento, a tristeza o seguirá como a carroça segue o boi"*.

O motivo determina o resultado

Causa e efeito

Não é tanto o ato que determina o retorno, mas a qualidade de sua intenção. Na simples tarefa de escovar os dentes, a intenção pode variar:

- Preciso escová-los bem. Não quero cáries. (cuidado)
- Que dentes terríveis! O que vou fazer? (ansiedade)
- Tenho os melhores dentes do mundo! (vaidade)

Cada uma dessas atitudes levará a um resultado diferente.

Isso fica ainda mais óbvio quando analisamos a diferença entre o sentimento de culpa de alguém que acidentalmente mata outra pessoa enquanto limpa uma arma e o de alguém que planeja durante meses um assassinato. O ato de tirar uma vida é o mesmo, mas o retorno depende da intenção.

Entendendo a lei do *karma*

Imagine uma pessoa de Londres ou Sidney que vai para Nova York pela primeira vez e estaciona seu carro alugado no lado errado da rua. Ela receberá uma multa e terá de pagá-la porque as leis de estacionamento e de trânsito são diferentes nesses países. Ela não pode simplesmente alegar ignorância. Se pretendia dirigir, sua responsabilidade era descobrir as leis do local, mas ela não se importou.

Por ignorância, fizemos muitas coisas contra as leis universais e divinas. Não podemos simplesmente dizer "eu não sabia". Acima de certa idade, saber é nossa responsabilidade.

Se olharmos para a situação do mundo agora, poderemos ver algumas fagulhas de luz, mas geralmente existe um volume maior de ignorância. Isso nos dá uma indicação dos tipos de *karma* que provocamos, causa de nossa situação atual.

O entendimento do processo *kármico* é fundamental se eu quiser:

- reduzir o peso do passado;
- eliminar qualquer tipo de sofrimento;
- modificar o curso de minha vida;
- experimentar um retorno positivo com base em meus esforços espirituais;
- entender todos os porquês que permeiam minha vida diária.

Perguntas que conduzem a tensões

Por que estou aqui? Por que ela está feliz e eu não? Por que ele fez isso comigo se eu nunca o vi na vida? Por que aquela pessoa tem sucesso na vida e a outra, por mais que tente, não consegue nada? Por que aquela pessoa nasceu cega e sem braços e a outra nasceu saudável? Por que ela sofre tanto? Ela é tão dócil e todos a tratam tão mal. Por que aquela criança morreu de forma tão horrível? Ela era tão inocente! Por que me casei com uma pessoa assim?

Por quê? O quê? Por que razão? Como? Essas perguntas íntimas rasgam o tecido da consciência. Mesmo assim, todas elas têm uma só resposta: *karma*. Não preciso dar detalhes de cada situação. Se vejo que nada pode acontecer sem ter tido uma causa justa em meu passado ou no dos outros, a vida fica muito mais fácil de ser encarada, com responsabilidade e coragem.

Sendo realista

O fato de que o passado irrevogavelmente cria o presente pode parecer pessimista. Na realidade, é o caminho da liberdade verdadeira. Ele me faz aceitar que a responsabilidade por tudo o que me aconteceu até este momento não pode ser atribuída a nenhuma pessoa, ancestral, governo ou mesmo Deus. É minha e apenas minha. Igualmente, o que o futuro me reserva depende de mim. Ou melhor, tudo o que escolho fazer neste momento já está criando o meu destino de amanhã.

Eu não deveria me esquecer de que o único momento real que tenho para criar meu futuro é o presente, agora. O *karma* me ensina que sou o criador de meu próprio mundinho. Também sou o criador do ambiente que me cerca. Num nível maior, sou um cocriador do mundo de amanhã juntamente com Deus.

O fato de poder criar o futuro de minha escolha — de amor, paz e felicidade — pode parecer um otimismo ilógico. É simplesmente a realidade. O que eu crio é o que vai acontecer. Se escolho trocar amor e paz nas minhas interações com os outros, eu crio relacionamentos baseados nessas qualidades.

O papel que *Deus* desempenha

A lei do *karma* faz parte do entendimento integral da verdade e da justiça. Deus é lembrado como aquele que é a verdade, mas também como aquele que é justo. Deus explica a lei do *karma* de forma que eu possa entender o que é certo e o que é justo.

O *Brewer's Dictionary of Phrase and Fable* [Dicionário Brewer's de Frases e Fábulas] dá a seguinte definição de "ato de Deus": "Diz-se que a perda resultante da ação de forças fora do controle do homem é um ato de Deus e, portanto, não tem recurso legal". A ideia de Deus como punidor não é compatível com um Deus de amor, misericórdia e compaixão.

Pode-se perguntar onde Deus está na hora do desastre ou da inquietude extrema. É preciso entender que o papel de Deus é doar paz. Na realidade, é a negação, rejeição ou revogação da existência Dele que conduz à brutalidade e à violência em nível individual ou coletivo. Os seres humanos têm o poder de criar. Nós criamos a situação atual de um mundo de imensa dor e muito sofrimento nos âmbitos pessoal, comunitário e internacional.

Meu coração ou consciência não pode dizer que Deus é responsável por isso.

O que acontece no nosso mundo tanto pessoal quanto externo é o resultado direto de nossas ações. Por ignorância, nós nos separamos da influência de Deus e, como resultado, a negatividade tornou-se assim tão forte e manifesta.

O papel de Deus em tudo isso no momento atual é o de intervenção direta. Quando há sofrimento e confusão demasiados, o papel de Deus não é pegar uma varinha mágica e — abracadabra! — mudar o mundo. Existem leis universais que Ele vem ensinar para que possamos aplicá-las. Nós as conhecíamos, mas as esquecemos.

Evidências do processo *kármico*

O momento, o local, a condição social, o sexo, o tipo do corpo e da família de uma pessoa que nasce são determinados pela própria alma individual. Não é um ato consciente, mas o efeito cumulativo das ações de vidas anteriores. Não há nenhuma loteria divina que distribui papéis, corpos, riqueza ou sofrimento de forma aleatória. Não existe nenhum poder divino que diz: "Essa pessoa nascerá nas sarjetas de Calcutá e aquela outra irá para a família real britânica". Desse ponto de vista ilimitado, existe justiça. Tudo o que acontece na vida de qualquer um é fruto de seu próprio passado, recente ou remoto.

Aparentes injustiças sociais, governos inaptos, derramamento desnecessário de sangue, dor física, emocional ou psíquica são as consequências, em nível pessoal ou coletivo, de pensamentos, palavras e ações desta e de outras vidas. As condições que existem para o desenvolvimento positivo da sociedade ou do indivíduo também são recompensas do passado.

À primeira vista, parece não haver nada que se possa fazer exceto conformar-se e esperar passivamente esses retornos. Esse seria um entendimento superficial do processo *kármico*. A pessoa ainda tem a liberdade de mudar de direção e construir o melhor futuro possível. Se olhar para minhas ações apenas superficialmente, eu não entenderei nada. As causas verdadeiras de meu estado emocional e espiritual repousam nas situações que criei no passado.

Contas *kármicas*

Existe um corolário importante na lei do *karma*. Nós não somos apenas indivíduos que agem sozinhos. Atuamos ao lado de outros atores na peça extraordinária da existência. Durante o processo, e de acordo com a interação com outros, criamos contas de débito ou crédito que se tornam a base de nossas conexões com o próximo. As razões pelas quais um relacionamento específico vai bem ou não estão na assim chamada conta *kármica* que acumulei com a outra pessoa. Os seres que desempenham seus papéis de pais, maridos, esposas, filhos, amigos, colegas e conhecidos formam a rede de conexões para doação e recepção de felicidade e tristeza vinculada a essa conta, estabelecida no passado ou criada no presente. Os relacionamentos mais fortes que tenho agora foram estabelecidos anteriormente. Conhecemo-nos em outras vidas e possivelmente em outras conexões. O filho retorna agora como o marido; o amigo de alguns nascimentos passados volta como o irmão, e assim por diante. É por isso que existe a esperança de que, depois de uma breve separação pela morte física, possamos reencontrar as pessoas amadas que se foram.

Pelo tempo que a conta existir, o intercâmbio de ações conjuntas continua. Quando não há nada mais para dar ou receber, os caminhos se separam com a morte, o divórcio ou simplesmente pela perda de contato. Quantos amigos do tempo de escola, com os quais foi feito um juramento de proximidade eterna, permanecem em nossa vida?

Não apenas os porquês e os motivos de parentesco e conexões são facilmente compreendidos pelo processo *kármico*, mas também nossas naturezas internas. Como foi mencionado, tudo o que um indivíduo faz ou produz fica registrado no *eu* como um *sanskar*. Portanto, os *sanskars* não são a base apenas das contas *kármicas*, mas também de nossos talentos e tendências.

Mozart, aos quatro anos de idade, escreveu minuetos, um concerto para piano e uma sonata. Essas composições não eram apenas tecnicamente corretas, mas extremamente difíceis. Aos sete, ele escreveu uma ópera completa! Onde ele poderia ter aprendido a tocar tão bem? É óbvio que tal mestria musical com tão pouca idade não era uma herança genética. Ele deve ter desenvolvido seus talentos anteriormente.

Um exemplo mais comum é o seguinte: uma criança nasce numa família em que, desde o início, todos os esforços são feitos para prepará-la para ser médico, de acordo com a tradição familiar. Contudo, desde muito cedo, a criança mostra fortes tendências para ser artista, começa a brincar com tintas, e o talento se manifesta. Isso demonstra que os traços que a alma carrega internamente das experiências anteriores vão levá-la para uma direção específica, independentemente das tentativas em sentido contrário.

Renascimento

Cerca de metade dos habitantes do mundo aceita o renascimento como um fato da vida. Todos os hindus, budistas, taoístas e outros aderem a uma crença firme nessa verdade básica. Eles aceitam a lei do *karma* como o *modus operandi* da vida humana no planeta.

O livro hindu sagrado *Bhagavad Gita* (A música de Deus) diz: "*Para a alma nunca há nascimento nem morte. Uma vez existindo, ela não cessará de existir. Ela é não nascida, eterna, sempre existente, imortal e primordial. Ela não morre quando o corpo morre*" (capítulo 2:20). "*Da mesma forma que uma pessoa se veste com roupas novas, e descarta as velhas, a alma aceita os novos corpos materiais, descartando os velhos e inúteis*" (capítulo 2:22).

Os ensinamentos de Buda no *Dhammapada* dizem:

"*Melhor que a vida de cem anos de um homem que não percebe o estado imortal é a vida curta de um dia de um homem que sente o estado imortal. Este eu chamaria de um verdadeiro mestre, que conhece o mistério da morte e do renascimento de todos os seres, que é feliz consigo e iluminado, e que é livre de todos os apegos*".

No Corão (o livro sagrado do islamismo), existe o seguinte versículo:

"*A pessoa de um homem é apenas a máscara que a alma usa por uma estação. Ela dura pelo tempo certo e é deixada, e outra é usada em seu lugar... Vou lhe contar uma verdade: os espíritos que agora têm afinidade terão parentesco, apesar de todos eles se encontrarem em novas pessoas e nomes*".

O pai da produção em massa e um dos gênios do século XX, Henry Ford, disse numa entrevista:

"*Adotei a teoria da reencarnação quando tinha 26 anos. A religião não me dava as respostas... Nem o trabalho me dava satisfação completa. O trabalho seria fútil se não pudéssemos usar na próxima vida as experiências que acumulamos nesta. Quando descobri a reencarnação, foi como se eu tivesse encontrado um plano universal. Percebi que havia tempo para trabalhar com minhas ideias... Genialidade é experiência. Alguns acham que é dádiva ou talento, mas é o fruto da longa experiência de muitas vidas. Algumas almas são mais velhas que outras, portanto sabem mais... Gostaria de transmitir aos outros a calma que uma visão mais ampla da vida nos dá*".

O psicólogo Carl Jung escreveu em seu livro *Memórias, sonhos e reflexões*:

"*Minha vida, à medida que a vivia, muitas vezes me parecia uma história sem começo nem fim. Tinha a impressão de que eu era um fragmento histórico, um extrato no qual faltava o contexto. Imaginei que podia ter vivido nos séculos passados e deparado com perguntas que não consegui responder, de forma que tive de nascer novamente, uma vez que eu não tinha realizado a tarefa que me havia sido dada. Quando morrer, meus atos vão me acompanhar. É assim que imagino que seja. Eu levarei comigo tudo o que fiz. Enquanto isso, é importante assegurar-me de não chegar ao fim de mãos vazias".*

Ver o processo da existência humana no nível pessoal, por meio da volta ao passado e da extensão ao futuro, definitivamente devolve grande grau de segurança à alma. As afinidades e aversões são entendidas. As sensações de ter encontrado alguém antes ou passado por um local específico são tão comuns que a ideia de uma casualidade cósmica simplesmente não pode persistir. Se há tal ordem nos mínimos detalhes das células e dos átomos, por que essa ordem não pode existir para determinar os relacionamentos que se prolongam por período tão grande de tempo?

Na impossibilidade de cumprir todas as obrigações *kármicas* em uma vida, temos de tomar um novo corpo para garantir que todas as ações benéficas e negativas recebam o retorno devido.

Não é de surpreender que grande parte da humanidade acredite ou pelo menos tenha alguma noção de renascimento ou reencarnação. Sem mencionar tal palavra-tabu, os cristãos modernos falam do conceito da ressurreição, que pelo menos contém o aspecto principal da lei do *karma* — a pessoa recebe o retorno de seus atos.

Afinal, todos nós somos seres espirituais e passamos pelo mesmo processo: nascer, viver, deixar o corpo na hora da morte e renascer uma vez mais em outro corpo. Como um ser espiritual, com a mesma mente, intelecto e personalidade que tenho agora, estive em outros corpos, conheci outros locais e situações e me envolvi em outros relacionamentos. Para resumir: eu sou a mesma pessoa que sempre fui!

Visão de longo alcance

Como a alma não se restringe à personalidade, ao sexo, à religião ou à idade atuais e já desempenhou muitos papéis diferentes no passado, o futuro também promete grande variedade.

Digamos que uma alma tenha o papel atual de ser um homem branco, feio e chauvinista, e que, na vida anterior, estivesse no corpo de uma mulher negra, bonita e bondosa. Se ele tivesse essa visão, como agora conseguiria sustentar seu chauvinismo? É como um imenso jogo de troca de papéis e vestimentas envolvendo os mesmos atores.

Se a pessoa soubesse que há a possibilidade de renascer num corpo do sexo oposto numa cultura ou sociedade completamente diferentes, por necessidade teria de assimilar as qualidades de tolerância e respeito. A pessoa apreciaria outras culturas e aprenderia suas lições sem bloqueios internos.

A definição de *Karma Yoga*

Ser um *raja yogue* significa ser um governante de si mesmo. Não é simplesmente uma questão de aprender a disciplinar os sentidos físicos; é muito mais importante: é preciso redirecionar a energia da mente, as emoções e a personalidade de forma positiva e construtiva.

A *Raja Yoga* também pode ser chamada de *Karma Yoga*. Significa agir com base em uma conexão mental com o Ser Supremo ou ter uma consciência meditativa ao fazer qualquer coisa: andar, falar, sentar-se num ônibus, dirigir um carro, trabalhar.

A meditação está especificamente relacionada ao uso da mente e do intelecto. Mesmo assim, da mesma forma que podemos nos lembrar de outras coisas e pessoas durante alguma atividade, podemos manter nossas mentes centradas no Ser Supremo e pensar em aspectos diferentes do conhecimento espiritual.

O *yoga* reflete-se no *karma* que faço. Seja qual for o meu trabalho, ele agora pode conter uma qualidade diferente. O trabalho em si, longe de ser apenas um meio de sobrevivência, torna-se a base da transformação real. Foi por meio da ação que a alma desceu de seu estado original. É por meio da ação que ela pode retornar à sua glória anterior. Não é apenas ação por si só ou para o *eu* — a ação torna-se o meio pelo qual posso partilhar a experiência que obtenho na meditação.

Minha meditação não é um processo secreto, mas muito visível. Posso ver os resultados do *yoga* em meu *karma*.

Se minhas ações ainda são agressivas ou motivadas pela ganância, isso certamente serve como uma verificação interna do que está acontecendo com minha meditação. Se houver a experiência de uma ligação, então a paz, a luz, o amor e a pureza de Deus vão se manifestar em minhas ações.

Ações e relacionamentos

Desenvolvemos relacionamentos entre nós não apenas por meio do pensamento, mas também pelo contato e pela interação. O pensamento pode ser o ponto de partida, mas no exato momento em que eu estabelecer contato com outra pessoa, por intermédio de uma chamada telefônica ou de uma visita, é que terá início o processo de dar e receber. O vínculo entre mãe e filho se fortalece de acordo com o sustento físico, emocional e espiritual que ela lhe dá.

Isso ocorre em qualquer relacionamento. Duas pessoas se aproximam e suas ações recíprocas ou conjuntas reforçam o vínculo entre elas. O dar e receber pode trazer felicidade ou tristeza em todas as nuanças. Um relacionamento não pode existir sem *karma* ou interação.

O mesmo se aplica a meu relacionamento com a Alma Suprema. As ações feitas apenas para o meu próprio prazer ou para o desenvolvimento e sustento de um relacionamento com outro ser humano são chamadas de *karmas*. As ações feitas por amor ou por obediência a Deus são chamadas de *Karma Yoga*. Certamente não existe necessidade de fazer qualquer coisa para Deus. Ele não precisa de nada nem quer nada.

Pais atenciosos querem que a vida, o caráter e as qualidades do filho sejam mais elevados. Eles tentam orientar o filho com esse objetivo. Se o filho age de acordo, o vínculo torna-se significativo. Do mesmo modo, conforme sigo as instruções de Deus por amor, meu relacionamento cresce e minha experiência de *yoga* se aprofunda.

Também existe a ideia de que servir ao próximo é servir a Deus. Ora, depende da motivação. Se faço coisas para os outros a fim de ganhar respeito ou admiração, não se pode dizer que estou servindo a Deus. Se eu genuinamente olhar o outro como meu irmão e compartilhar com ele a fortuna que recebi de Deus, esse ato puro e sem egoísmo vai aproximar-me Dele.

Quando consideramos o *yoga* na sua forma prática, descobrimos que não tem nada a ver com deixar o trabalho ou a família e buscar uma caverna nas montanhas. *Karma Yoga* significa viver no mundo, mas mantendo a ligação do *yoga* para que isso transforme a vida da pessoa e ela possa ajudar a transformar o mundo.

Certo ou errado?

Os valores "certo" e "errado" podem ser muito diferentes de acordo com a história, cultura, raça, idade e assim por diante. Mas existe um critério básico e muito simples que pode ser usado para sobrepujar todos os outros fatores.

Se primeiramente me estabilizar na consciência de "eu, a alma, separada do corpo", qualquer ação que eu desempenhe será positiva e correta. Se eu permitir que essa consciência vacile e adotar uma de minhas máscaras ou identidades temporárias ou falsas — ou seja, se me permitir pensar em mim mesmo como americano ou indiano, homem ou mulher —, minha ação será sem dúvida prejudicada, mesmo que levemente, pela raiva ou ganância, pelo egoísmo ou apego. Se eu agir de acordo com uma consciência limitada, haverá influência negativa. Na consciência eterna de quem eu sou, a ação será pura.

Outra diretriz simples para decidir se uma ação é certa ou errada é verificar se ela causa algum tipo de dor ou tristeza; se for assim, provavelmente estará sob a influência de alguma forma de negatividade. Ao contrário, se ela der felicidade ao espírito, provavelmente será uma ação pura.

As duas diretrizes devem funcionar juntas, pois a segunda pode causar confusão. Outros podem me acusar de lhes causar tristeza, mas é bem provável que seu próprio apego os faça sofrer, e não qualquer coisa que eu tenha feito.

É por isso que o primeiro critério sempre deve ser aplicado. Se uma ação for feita em minha consciência eterna, ela não apenas me beneficiará como me trará felicidade. O efeito do *karma* puro é levar-me e aos outros para mais perto de Deus. Uma ação baseada na consciência limitada, que, relativamente falando, pode ser chamada de impura, distancia-nos de Deus.

Fortalecendo a consciência

Também posso fazer experimentos com a lei do *karma* no nível do processo interno do *eu*. Dentro de nós existe um freio chamado consciência que, de alguma forma, parou de funcionar. No mundo de ritmo intenso de hoje, de pensamento-ação, parece não haver pausa intermediária para questionar a correção do que está acontecendo. Normalmente não permitimos que a consciência faça seu trabalho. Simplesmente nos movemos depressa — do pensamento para a ação.

> Se uso bem meu tempo, ganho tempo.
> Se uso bem minha energia, ganho energia.
> Se uso bem minha riqueza, ganho riqueza.
> Dessa forma encontro lazer em tudo o que faço.

O papel de Deus é acordar a consciência. Minha tarefa é deixar que minha consciência seja limpa e refinada pela meditação de forma que ela possa funcionar como o filtro que se supõe que seja. Bem profundamente, talvez eu reconheça que um pensamento em particular não seja correto nem benéfico. Ainda assim, devido à influência das companhias ou de meus próprios desejos, ignoro a voz da consciência e deixo aquele pensamento transformar-se em ação. A continuidade de tal processo por longo tempo silenciou a voz da consciência de tal modo que ela se calou de vez.

Se um bom amigo vê que estou tomando a direção errada, tentará ao máximo me avisar, uma, duas ou mesmo três vezes. Se eu não prestar atenção ao seu conselho, ele desistirá e ficará silencioso. Precisamos aprender não apenas a tornar a consciência uma boa amiga, mas também a prestar atenção nela para que volte a assumir sua força original. Nesse fluxo constante de pensamento-ação, por não deixarmos que a consciência interfira, a qualidade do *karma* perde seu padrão elevado. A deterioração da qualidade do *karma* é tal que basta pegar um jornal e contar as notícias ruins que existem sobre o *karma* humano.

Mesmo depois de perceber a diferença entre o certo e o errado, preciso de poder para conseguir sair de minha própria armadilha *kármica* de ciclos negativos viciosos tanto físicos quanto emocionais. Esse é o propósito final da meditação. Na meditação, pela ligação com o Ser Supremo, minha consciência desperta e se torna mais clara de forma que *eu* passo a identificar, na minha vida, o certo e o errado. Também recebo poder para fazer as escolhas certas e segui-las. O resultado é que a qualidade de meu *karma* muda.

A consciência é a voz do estado original da alma. Quando acordadas, essas qualidades originais de paz, amor, pureza e poder surgem e assumem o controle do *eu*. A própria qualidade de minha personalidade começa a mudar e a se desenvolver em direção positiva. O simples fato de ficar concentrado na ideia de ser uma alma e deixar minha consciência guiar minha vida significa que estou avançando em direção ao meu destino com clareza e rapidez.

Mudando hábitos profundamente arraigados

A quantidade de energia e força de vontade necessária para mudar um hábito pode ser enorme. Aqueles que tentaram deixar de fumar ou que decidiram manter uma dieta menos calórica podem confirmar isso. Contudo, que dizer dos traços de personalidade formados durante muito tempo ou mesmo ao longo de uma sucessão de vidas? O poder necessário para mudá-los tem de ser profundo e duradouro.

A evidência de traços de caráter profundamente arraigados desde o momento do nascimento é, na realidade, um testemunho convincente da continuidade da vida e da ideia de existências anteriores.

Ser capaz de mudar características inatas geralmente é considerado tão impossível quanto um leopardo ser capaz de mudar suas manchas. Entretanto, pela meditação *Raja Yoga*, posso observar mudanças profundas de personalidade que acontecem de forma muito positiva.

A *Raja Yoga* é um método de trabalhar diretamente a própria alma. Ela dá poder ao intelecto de forma a orientar corretamente as decisões e ações. A qualidade do *karma* muda, o que, por sua vez, se reflete nos *sanskars*, o reservatório de todos os hábitos e traços de personalidade. Com base nesses *sanskars* purificados, surgem pensamentos elevados de forma muito natural e automática.

Esse aspecto de autotransformação é uma das razões principais pelas quais preciso sentar-me em meditação e praticar a estabilização da mente na lembrança de Deus.

Efeitos práticos da *Karma Yoga*

A *Karma Yoga* funciona de dois modos:

- Preenchendo o *eu* com poder, é possível a transformação da ação. Isso, por sua vez, acarreta mudança em meus *sanskars*.
- Ao recorrer às qualidades do Ser Supremo, meus *sanskars* mudam.

É necessário viver essas experiências para descobrir sua validade. Por um lado, tenho de receber o retorno de tudo o que fiz; por outro, o simples amor puro de Deus é o fator que purifica, limpa e perdoa. Não importa qual tenha sido meu *karma* passado, o fogo do amor de Deus é capaz de dissolvê-lo e remover seu impacto dentro da própria alma, em termos tanto de traços negativos de personalidade quanto de efeitos *kármicos* nas situações físicas. Assim, pode-se entender por que o *yoga* ou a união de amor com Deus é tão crucial.

Os quatro tipos de *karma*

Se olharmos todos os aspectos da vida humana, veremos que existem quatro áreas de *karma* que devem ser melhoradas:

- o *karma* que desempenho para mim, para meu próprio sustento e manutenção;
- o *karma* que desempenho com os outros ou para eles em termos de relacionamento;
- o *karma* que desempenho não por carência ou necessidade, mas por lazer;
- o *karma* que desempenho como serviço aos outros.

Karma que desempenho para mim

Se eu, a alma, sou o mestre de meu corpo, tenho então de tomar conta de sua manutenção. A consciência com a qual alimento e tomo conta do corpo deve impedir meu apego excessivo a tudo isso. Minhas ações têm de ser de tal qualidade que me aproximem de Deus e ajudem a diminuir meu egocentrismo ou a atração pelos desejos físicos. Tenho de trabalhar, cozinhar, alimentar e lavar o corpo, mas essas atividades podem ser feitas sem perder de vista meu destino de perfeição, liberdade e liberação.

Karma com os outros ou para eles

Existe uma energia específica que dirige todos os relacionamentos — a do crédito e débito, do dar e receber. Essas são as chamadas contas *kármicas* que foram criadas no passado e agora determinam a qualidade e a quantidade de todas as nossas interações e seus resultados — alegria ou tristeza — em nossos relacionamentos.

Não é necessário descobrir exatamente qual pode ter sido a causa *kármica*-chave de um problema num relacionamento. Uma diretriz muito simples para melhorar a qualidade de nossas interações é:

Em vez de tomar, deixe-me dar, de forma que não haja mais débitos. Com colegas de trabalho, relacionamentos familiares ou com amigos, deixe-me ver se existe um meio pelo qual eu possa cumprir minha responsabilidade com integridade e honestidade. Se eu não estiver fazendo isso, se eu estiver me afastando de minhas responsabilidades, estarei aumentando a minha carga kármica. *De que modo posso dar ou servir sem conflitos, tensão ou luta, mas simplesmente com grande doçura e muito respeito?*

Karma que desempenho para o lazer

Quando alguém diz que não tem tempo para meditação ou para seu desenvolvimento espiritual, isso geralmente reflete a falta de vontade de encarar o *eu*, e não falta de tempo. O fato de a média de tempo gasto diante da televisão ultrapassar 15 horas semanais, em muitos países, já diz tudo.

Valorizando meu tempo, eu valorizo minha vida e me torno valioso. Dar valor a meu tempo, a minha energia e a meu dinheiro é uma parte muito importante de toda a história *kármica* de dar e receber: Para que estão sendo usados? Estão sendo bem usados? Estou abusando deles? As dificuldades com o tempo, com a própria energia física e as finanças são os frutos da indiferença do passado ou do abuso dessas coisas. A crise financeira do mundo é a soma *kármica* de todas essas dificuldades individuais. Será que estou simplesmente esbanjando essas coisas ou usando-as para meu próprio benefício e para o dos outros? Essas perguntas, se respondidas corretamente, costumam deixar bem clara a diferença entre o sucesso e o fracasso.

O *karma* que desempenho como serviço espiritual aos outros

O serviço aos outros pode ser visto, em nível muito grosseiro, como caridade física, mas o serviço real é elevar as almas dos outros, inspirando-os a recuperar sua autoestima.

Um velho ditado diz que se eu der pão aos outros, os alimentarei por um dia; se eu lhes ensinar a fazer pão, os alimentarei por toda a vida.

Do ponto de vista espiritual, isso significa mostrar aos outros o que é *karma* e como ele funciona para que se esforcem e transformem sua situação *kármica*. O *karma* puro supremo é aproximar os outros de Deus.

Resumo

- Qualquer fluxo de energia — pensamentos, palavras ou ações — é um *karma* que deixa sua impressão (*sanskar*) e tem seu retorno — bom ou mau.
- A alma não é imune a nenhuma ação que desempenha.
- *Karma* positivo é aquele que favorece o estado original do eu ou dos outros.
- *Karma* negativo é aquele que contraria o estado original do eu ou dos outros.
- O propósito de tomar um corpo humano e vir ao palco do mundo é desempenhar o *karma*. É para experimentar ação, interação e suas repercussões.
- Não há um único momento em nossa vida neste mundo em que não sejamos influenciados pelo *karma* ou engajados nele.
- Punição e recompensa não vêm de algum ser superior, de algum movimento da Providência Divina, de destino ou sorte.

São simplesmente os efeitos de pensamentos, palavras e ações criados no passado. O indivíduo recompensa ou pune a si mesmo.
- O passado cria o presente que, por sua vez, produz o futuro. Sempre foi assim.
- Não sou vítima de meu passado.
- Não tem propósito algum chorar pelo passado. Tenho de transformar a tristeza em aprendizado. Se eu plantar sementes de lamentação, os frutos também serão assim. Se semear alegria, colherei alegria.
- Sou 100% responsável por minha situação atual, seja ela qual for. Eu definitivamente a criei.
- Posso mudar meu presente de tal forma a eliminar a carga criada no passado.
- Sou o arquiteto de meu próprio destino. Sina, ou destino, é simplesmente o efeito de meus próprios atos.

Epílogo
SÍNTESE

Não importa quão elevada é a meta ou quão profunda é a filosofia: a base da espiritualidade sempre será a qualidade de minhas atitudes na vida prática. A lacuna que separa o ideal da prática atinge a todos nós em maior ou menor extensão e deixa bem clara a diferença entre satisfação e frustração. A felicidade pessoal está relacionada com a coerência entre o que acredito ser verdade e minhas ações. Se os ideais fornecem o fator motivador que impulsiona minha jornada à consciência mais elevada, a prática é a metodologia que me leva adiante.

Voltando à escola

Se eu assim escolher, a vida pode ser uma constante batalha, da manhã à noite, sete dias por semana. A vida passa como um relâmpago, muito rapidamente. Os anos fazem marcas em meu rosto, mãos e coração, enquanto persigo um número cada vez maior de objetivos e tento conciliá-los. A agitação constante entre casa e trabalho consome, um a um, os meus ideais, e me conformo com o panorama de uma vida difícil e uma aposentadoria nada confortável. Se eu deixar, a vida também pode tornar-se a fonte de minhas tensões se permanecer buscando bodes expiatórios para minhas culpas. É como se o caminho fosse salpicado de pedregulhos bloqueando minha passagem. Em vez de dar a volta ou passar por cima, eu os acuso. As palavras vêm à mente e à boca de forma fácil: "Se não fosse fulano de tal ou isso ou aquilo, eu seria capaz de...". Em vez de amenizar meu infortúnio, essas queixas me afastam da real responsabilidade de mudar a situação. Eu simplesmente estaria delegando minha capacidade de mudar a pessoas ou objetos sobre os quais obviamente não tenho nenhum controle. Em outras palavras, eu só mudaria se mudasse também o bode expiatório.

A vida pode também apresentar-me tantas escolhas e interesses que tenho de passar superficialmente de um para outro enquanto deixo escapar a profundidade do prazer real de viver. Oscilo entre fascínio e tédio, envolvimento total e desânimo, pois não abordo as questões mais profundas. Será que essa ou aquela atividade são de fato convenientes para mim e para os outros? Será que esse ou aquele interesse realmente me conduzirá a um estado de contentamento? Novamente os anos passam, eu olho para trás e vejo o que poderia ou deveria ter sido feito e não foi. O remorso torna-se o único troco do tempo, dinheiro, energia ou talento desperdiçados.

Se eu tiver sorte, a vida se tornará uma grande escola. Por trás das dificuldades aparentes, existem lições maiores. Disfarçados de interesses transitórios e tarefas rotineiras estão os indicadores que podem levar-me de volta à verdade. Os relacionamentos que trazem consigo cenas repetitivas de ninharias ou amargura, com a mesma pessoa e pelas mesmas razões, servem para me mostrar fraquezas que tenho de trabalhar. Evidentemente, até poder transformá-las, estou condenado a repeti-las.

Os desafios aparecem simplesmente para que eu revele o que de melhor existe em mim. Se eu tiver olhos para ver e coragem para avançar, a vida será uma experiência constante de motivos e incentivos para mover-me progressivamente no caminho de minha consciência mais elevada.

Melhorando a qualidade de vida

O desejo de melhorar nasce do meu sentido inato do que é verdadeiro e bom. Seria difícil encontrar qualquer pessoa que, tendo recebido uma chance, se recusasse a melhorar. O problema é que somos peritos em adiar a mudança para "amanhã", para a "próxima semana", "durante as férias", "quando me aposentar" — essas são as deixas de minha falta de motivação.

Como vimos no quarto capítulo, sou responsável por minha vida e por meus atos. Ninguém tem os meus pensamentos nem diz minhas palavras por mim. Tudo o que semeio eu colho de três modos: pensamentos, palavras e ações. Talvez seja a natureza assustadora dessa responsabilidade que me torna um procrastinador inveterado.

Uma simples análise da vida mostra que o tempo necessário para passar pelas experiências básicas deixa muito pouco para outras coisas. Obviamente, se quero melhorar a qualidade de minha vida, ela tem de incluir o básico. Uma vida melhor significa qualidade melhor de sono, uma vida profissional e familiar mais satisfatória, melhores hábitos alimentares e melhor uso do tempo livre — inclusive melhor uso do tempo que tenho para gastar em atividades aparentemente inúteis, como engarrafamentos de trânsito e filas!

Se reler os quatro capítulos anteriores, encontrarei a inspiração necessária para unir ideais e prática.

A jornada até aqui

Sem dúvida o ponto de partida de minha jornada é conhecer-me como uma entidade espiritual chamada alma, expressando-me por meio do corpo físico. O sentido de autoidentidade me dá bases sólidas na dinâmica da vida. Em vez de um redemoinho mental desorganizado de papéis, responsabilidades, relacionamentos e rotinas, descubro o ponto central do qual posso administrar minha vida. A teia que tecemos com nossos pensamentos se desenrola, e a clareza para fazer o que é melhor fica fortalecida.

Ao entender o funcionamento interno do *eu*, passo a limpar minha mente, fortalecer meu intelecto e elevar meus *sanskars*. Eles tornam-se meus primeiros cooperadores no fortalecimento de minha qualidade de vida. Descubro meus *sanskars* básicos de amor, paz, pureza, felicidade, poder, equilíbrio e verdade, e a eles tenho acesso de forma muito especial. Cada pequeno avanço no caminho, cada minúscula vitória me confere um pouquinho mais de confiança de chegar ao meu zênite. Coisas que costumavam me causar problemas tornam-se testemunhas silenciosas de meu progresso à medida que vou enfrentando, com mais calma, os testes relacionados a elas. As situações que costumavam bloquear meu caminho começam a se abrir para me deixar passar. Entendo que minha visão do mundo foi enormemente condicionada por meus próprios medos e desejos. Vejo-me no mesmo mundo, com as mesmas pessoas e tarefas, mas, de alguma forma, sou diferente.

Conhecendo os outros como seres espirituais similares a mim, posso olhar para eles com maior tolerância e abertura. Preconceitos baseados em tipo físico, sexo, cor ou idade não impedem mais minha apreciação da humanidade.

Os passos iniciais da meditação me ajudam a filtrar as informações que chegam até mim pelas muitas situações diferentes da vida, de forma que seu efeito sobre mim é positivo. A situação pode ser difícil aparentemente, mas a autoconfiança conquistada na prática da meditação me dá coragem adicional para transformar os problemas em desafios ou soluções. Ao reservar tempo para me lembrar do que realmente sou, posso mudar continuamente minha postura de acordo com o que está acontecendo em minha volta. Se a situação externa requer paciência, tenho facilidade maior para reconsiderá-la. Se a necessidade for de ação determinada, posso executá-la. Lembro-me de que tudo o que faço ou me torno depende de minha habilidade de armazenar meus recursos internos e usá-los apropriadamente.

O autoaprimoramento pessoal me traz o sentido de ideal. Se, com todas as minhas falhas, posso melhorar, então existe esperança para a humanidade! Ao jogar fora, gradualmente, minhas limitações autoimpostas, entendo como era grande o meu pacto com a mediocridade. A conspiração silenciosa para permanecer dentro das normas de erro e fraqueza deixa de ter seu antigo controle sobre mim. Ao trabalhar para melhorar minha atitude diante das coisas que estão ao meu alcance — casa, família, trabalho e assim por diante —, minha vida se abre a possibilidades mais elevadas.

O fator *Deus*

Se a força para dar os primeiros passos em minha jornada de elevação depende de desenvolver a consciência de minha identidade espiritual verdadeira, isso obviamente inclui a ideia de onde estou, de onde vim e para onde vou. A peregrinação interior realmente só tem uma meta: o encontro e a experiência com Deus, Mãe-Pai Supremos, que tem sido meu destino inconsciente durante a história de minhas vidas.

A mente mais estável, o intelecto mais perspicaz e o oceano de amor, paz, felicidade, verdade, pureza e equilíbrio ilimitados que Deus é — esse tem sido, de alguma forma, meu farol de volta para casa. Mentes, intelectos e personalidades menores aparecem pelo caminho, mas sempre alguma coisa me dizia que eu não tinha chegado; que, independentemente de toda a grandiosidade do ser humano, eu só poderia realizar-me na Fonte de toda a bondade. Ao conectar meus pensamentos com Ele, recebo o poder de efetuar mudanças positivas em todos os aspectos de minha vida.

Pela ligação com Deus, enquanto essência de todos os relacionamentos — Mãe, Pai, Professor, Guia, Amigo —, minhas carências emocionais são satisfeitas. A familiaridade com Ele me ajuda a superar minhas próprias superstições infundadas sobre o que Ele faz ou não faz. Eu não sou mais o mendigo que implora na porta do Supremo, pois reconheço meus direitos.

Se eu expressava minhas necessidades como "Ó, Deus, perdoe-me", agora descubro que primeiro tenho de me perdoar. Se implorava "Ó, Deus, tenha misericórdia de mim", agora trabalho para ter misericórdia de mim mesmo. Melhor de tudo, se dizia: "Ó, Deus, por favor, liberte-me de minha escravidão", percebo Seu deleite divino quando me diz: "Filho, abandone-a. Ela não está amarrando você. É você que está agarrado a ela". Resumindo, assumo a responsabilidade pelo que crio em minha vida, superando o sentimento de impotência causado pela ideia de que tudo na vida é aleatório ou um ato da vontade de Deus.

Com a ajuda do fator Deus, posso chegar ao fim de minha jornada.

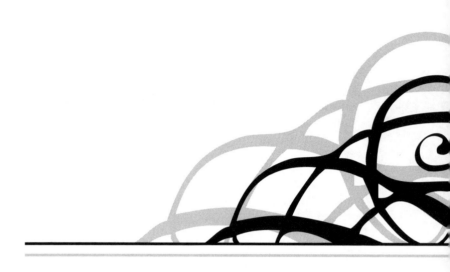
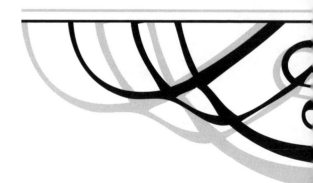

Segunda Parte

LIVRO DE EXERCÍCIOS

Introdução

Dizem que as coisas que ouvimos ou lemos são *esquecidas* e aquelas vistas com nossos próprios olhos são *lembradas*, mas o que experimentamos de forma prática é *aprendido*. Essa é a razão de este livro suplementar de exercícios acompanhar *Caminhos para uma consciência mais elevada*, que é mais explicativo. Você está convidado a testar as ideias incorporadas nos ensinamentos da *Raja Yoga* no laboratório de sua própria vida.

Este livro de exercícios cobre os primeiros quatro capítulos de *Caminhos para uma consciência mais elevada*:

1. Alma e matéria
2. Pensamento e consciência
3. Deus, a conexão perdida
4. *Karma* e *yoga*

Existem também capítulos extras sobre como desenvolver qualidades e poderes inatos de forma prática, a fim de ser uma pessoa mais atuante neste momento crítico da História mundial.

É importante lembrar que temos de ser brandos e ao mesmo tempo dedicados ao esforço de obter resultados. É como com o dinheiro. Se não investimos, o dinheiro não cresce. Se queremos resultados, temos de investir o tempo e a energia necessários.

Se quero ser um campeão de natação, tenho de treinar para isso. Se quero ser um nadador comum, simplesmente tenho de cair na piscina e mover-me. Da mesma forma, se quero tornar-me um ser humano excelente com os direitos e as responsabilidades que isso implica, tenho de exercitar-me. Ser comum não requer nenhum esforço. Mesmo assim, com os sucessos crescentes que começo a descobrir em minha prática de meditação e nas mudanças de comportamento, posso facilmente ganhar confiança para ir adiante com resultados melhores e maiores.

O progresso da jornada contido no livro *Caminhos para uma consciência mais elevada* é um procedimento do tipo passo a passo. Existem aspectos que posso não aceitar e outros que posso não entender. Se esse for o caso, tenho de concentrar-me nas coisas que entendi e aceitei. Não posso atravessar a vigésima ponte sem ter atravessado as anteriores.

Se eu estiver aberto a experimentos com ideias e tiver uma visão positiva de minha própria existência, certamente obterei resultados reais e inegáveis, mas devo armar-me de persistência. Se eu não for bem-sucedido de início, devo tentar e tentar novamente.

Capítulo 1
ALMA E MATÉRIA

A maior de todas as verdades é aquela que ressoa em nosso ser sem explicações complicadas. A verdade é evidente. Uma das maiores dentre todas as verdades é que eu **sou** uma alma e **tenho** um corpo. Anteriormente posso ter relegado todas as considerações sobre a alma humana para mais tarde, quando o final do corpo físico se aproximasse.

Isso tem de ser reconsiderado por duas razões:

- Eu sou uma alma que opera através de meu corpo neste exato momento. Preciso entender como isso funciona para começar a exercer algum controle sobre minha vida no presente.
- Não posso garantir a existência do corpo. A morte física pode vir a qualquer momento. Só tenho o aqui e o agora com o que trabalhar. Com o espírito aberto e vivo, devo experimentar uma série de exercícios.

Preliminares da prática da meditação

Objetivo: entender os fundamentos da prática da meditação.

O silêncio não é simplesmente a ausência de som, mas também é serenar a mente.

Sente-se confortavelmente numa cadeira ou, se for fácil para você, com as pernas cruzadas no chão. Se quiser, pode fechar os olhos pelo menos até que consiga fixar seus pensamentos. Se você quiser mantê-los abertos, simplesmente focalize algum ponto diante de si e pisque normalmente. Se tiver alguma música instrumental suave, pode tocá-la para relaxar o ambiente. Certifique-se de que, dentro do possível, você não seja perturbado durante o tempo que quiser dedicar a essa experiência.

Fique consciente do tempo e do local presentes. Talvez você possa ouvir o som da música ou a sua própria respiração ou existam outras pessoas em volta, pássaros trinando ou o tráfego. O mundo inteiro está lá fora. Você sabe que existem certas situações que envolvem sua personalidade, sua família, seu trabalho, e assim por diante. É como se o mundo estivesse girando em seu curso normal, mas você tivesse parado por alguns minutos e se tornado o observador destacado de tudo isso. Você percebe que, por nada nem ninguém pode interferir nisso.

Agora volte a atenção para seus pensamentos. Assim como você pode observar as coisas que acontecem ao seu redor, pode também examinar seus próprios pensamentos. Veja a mente como um palco e pensamentos, ideias e imagens como atores entrando e saindo dele. Sem tentar expulsar nem lutar com nenhum pensamento, simplesmente deixe que venham e vão enquanto observa a criação deles, a experiência que trazem e o processo de observação em si. Uma das maiores descobertas acontece agora: se posso observar meus pensamentos, eu não sou igual a eles. **Eu sou o pensador, e não os pensamentos.**

Agora traga toda a sua atenção para a região central da testa. Esse local entre as sobrancelhas pode ser considerado o assento da consciência no corpo, a partir do qual a vida é conduzida. Todos os fragmentos soltos são reunidos num ponto. Esse ponto, no qual tudo está concentrado agora, é de fato você, o **ser**. Você é um ponto-fonte de energia consciente, sabedor de sua própria existência.

Agora, em vez de simplesmente observar os pensamentos, veja o que acontece quando conscientemente começa a criá-los de maneira ordenada:

Eu sou um ponto de energia radiante, consciente... Sinto-me incrivelmente bem em ser eu mesmo... Destacado... Sinto meu próprio poder interno de forma muito profunda... É incrível sentir que eu de fato sou essa forma concentrada de energia metafísica que elabora o pensamento neste exato momento... À medida que aplico minha atenção nos pensamentos, eles se tornam cada vez mais lentos... À medida que tenho mais controle sobre eles, sinto um poder maior...

Nesse estado profundo de calma, começo a sentir minhas qualidades inatas de paz... amor... felicidade... verdade... pureza... poder.

Como um pequenino farol entre as sobrancelhas, a luz dessas qualidades se irradia... Torno-me uno com cada qualidade e difundo seus raios... Preencho a sala... Preencho tudo ao redor.

Percebo que sou a fonte de paz necessária para transformar as coisas que quero... A paz que estou sentindo é a minha própria paz... Algo que agora entendo como inerente a mim.

Despendo mais alguns momentos na apreciação dessa experiência e volto vagarosamente à consciência do mundo a minha volta.

O que você acabou de fazer foi examinar o verdadeiro eu — aquele que é capaz de observar, dirigir e experimentar os pensamentos. Uma sugestão seria tornar essa experiência a mais forte possível antes de continuar a ler o livro. Isso certamente fará com que o entendimento de pontos mais profundos venha de forma mais fácil. Você pode imaginar os benefícios de começar o dia com esse tipo de consciência e parar de tempos em tempos para retornar a esse estado.

Descoberta de seus valores verdadeiros

Objetivo: examinar quais são os valores mais caros ao seu coração.

Se você fosse ao médico e recebesse a notícia de que teria só seis meses de vida, mas ainda assim poderia vivê-los da forma mais ativa possível até os momentos finais, como passaria esses meses?

Pense profundamente e escreva dois ou três parágrafos sobre essas atividades.

Identifique os valores básicos. Por exemplo, se você escreveu que gostaria de passar o tempo viajando para lugares que sempre quis visitar, um valor básico poderia ser a liberdade. Ou você pode ter escrito que dedicaria o resto de sua vida para ajudar os outros. Nesse caso, um valor básico poderia ser a benevolência.

Pergunte-se: se essas são atividades que se tornariam importantes em tal momento crítico, diante da morte física, por que não as começar no momento presente? Por que adiar tais atividades que obviamente estão em consonância com aspectos de seu ser mais profundo?

ATIVIDADES DE MEUS ÚLTIMOS MESES:

―――――――――――――――――――――――――――――
―――――――――――――――――――――――――――――

VALORES BÁSICOS:

―――――――――――――――――――――――――――――
―――――――――――――――――――――――――――――

Experiência do ser como alma

Objetivo: reforçar a diferença prática entre a alma e o corpo — a alma como mestre dos órgãos dos sentidos, separada das características físicas do corpo.

A ALMA — MESTRE DOS ÓRGÃOS DOS SENTIDOS

Primeiramente sente-se numa cadeira e adote uma postura de observador destacado do meio a sua volta. Faça isso com os olhos abertos. Veja todos os aspectos, formas e cores que puder. Ouça todos os sons que surgem a sua volta. Sinta a temperatura do ar e seu ritmo regular de respiração. Veja se você consegue detectar quaisquer cheiros ou mesmo quaisquer sabores remanescentes em sua boca. Certifique-se de estar totalmente consciente dos cinco órgãos sensoriais e dos objetos relativos a eles. Agora, traga sua atenção para o local de onde você está observando, o centro focal da energia consciente, no meio da testa. Quando você se situar firmemente nesse estado, veja-se como o mestre de cada um dos sentidos — visão, audição, tato, olfato e paladar. Detenha-se em cada um dos sentidos e nas sensações associadas até que você realmente sinta que é o mestre. Em momentos diferentes do dia opte por adotar esse estado de hiperconsciência, de mestria sobre os órgãos sensoriais em locais diferentes — em casa, na rua, no trabalho, e assim por diante.

A ALMA — SEPARADA DAS CARACTERÍSTICAS FÍSICAS

Aspectos como nacionalidade, cor da pele, sexo, idade, profissão e grau de beleza são os parâmetros de nossas percepções limitadas. Ir além deles significa associar-se com o *eu* verdadeiro ou a alma e observar todos esses aspectos como parte de meu papel. Eles não são *eu*.

Esses *identificadores* tornaram-se tão arraigados na alma que é necessária uma profunda atenção para livrar-me deles. Mesmo quando desenvolvo certo nível de consciência, existe a tendência de eles dominarem.

Durante o dia, a intervalos regulares, faça a experiência de desligar a consciência dos pensamentos de sua identidade com relação aos parâmetros citados. Despenda alguns momentos em cada um dos estados:

Eu sou uma alma, eu não sou russo, americano ou chinês.
Eu sou uma alma, eu não sou negro nem branco. Não tenho motivo algum para desenvolver preconceito de cor.
Eu sou uma alma, não sou homem nem mulher.
Eu sou uma alma, não sou velho nem jovem.
Eu sou uma alma, tenho de desempenhar meu papel de médico, engenheiro ou carpinteiro com minha habilidade máxima.
Eu sou uma alma, é a alma que tem a beleza real.

De tempos em tempos, simplesmente faça exercícios com sua identidade como um ponto de luz semelhante a uma estrela brilhante localizada no centro da testa.

Experiência da forma e da posição da alma

Objetivo: localizar o ser pensante dentro do corpo para que você tenha um ponto de referência para as meditações futuras.

Passe pela primeira parte do exercício preliminar e depois comece com estes pensamentos:

Minha atenção vai naturalmente ao ponto central da testa, enquanto ocupo minha posição de controle consciente do corpo... Enquanto permaneço nesse ponto, sou capaz de ficar estável, embora consciente do mundo a minha volta... Enquanto o faço, existe um sentimento genuíno de que sou diferente do corpo físico... Começo a associar todos os sentimentos, pensamentos e aspirações com esse centro de consciência entre as sobrancelhas... Vejo-me como uma entidade minúscula, mas reluzente, como uma estrela brilhando nesse ponto, como um farol em miniatura... Estou consciente da diferença entre ficar preso nas inquietações e preocupações externas e simplesmente permanecer estável em meu centro de consciência da alma... A partir desse ponto sou o observador isolado... Observo silenciosamente, enquanto o mundo das ações se move inexoravelmente a minha volta...

Fique nesse estado por alguns minutos e gradualmente volte para a consciência daquilo que está ao seu redor.

Experiência dos atributos da alma

Objetivo: experimentar seus atributos inatos.

Novamente use os exercícios preliminares, desta vez com os seguintes pensamentos:

Com meus pensamentos centrados no meio da testa, no ponto de luz consciente que sou, começo a examinar cada vez mais profundamente minha natureza verdadeira... Entendi quem sou, mas como sou? Assim como a luz branca pura consiste em sete cores básicas, a luz que naturalmente emano é feita de qualidades diferentes que são inerentes a mim... Ao observar o estado atual de minha vida, talvez não encontre muita coisa que possa realmente respeitar... Mesmo assim, no âmago de meu ser existe tal volume de qualidades espirituais... Penso profundamente em cada uma delas e penetro a essência dessa experiência...

Paz... Pureza...
Amor... Equilíbrio
Felicidade... Poder...
Verdade...

À medida que experimento cada cor constituinte da luz da alma, meu *autorrespeito é lentamente sanado e fortificado... Com esses pensamentos, gradualmente volto à percepção daquilo que me cerca...*

Meditação de olhos abertos

Objetivo: mostrar que não é necessário meditar de olhos fechados.

Passe pelo exercício de meditação sobre a posição e forma da alma do começo ao fim. Enquanto estiver sentado, abra os olhos e, se puder, retenha a consciência de ser a alma no controle do corpo. Fixe seu olhar em algum ponto sem precisar imobilizá-lo. Pisque naturalmente. Quando tiver certeza de atingir um estado mental natural, levante-se e mova-se conservando a mesma experiência.

Saia para uma caminhada mantendo um passo natural e fique nessa consciência. Quando os outros passarem, mantenha a meta de se lembrar de que eles também são almas, pontos minúsculos de energia consciente com qualidades inatas iguais às suas.

Mantenha o controle de seus pensamentos durante o dia

Objetivo: monitorar seus pensamentos e comparar com a experiência oposta, sem controle.

Faça um quadro simples, como o que se segue, e escreva oito afirmações, tais como: "Eu sou a alma, não o corpo", "Minha natureza verdadeira é paz".

Hora	Afirmação	% de tempo nessa consciência	Comentário e melhorias
8/9	"Eu sou a alma, não o corpo".		
9/10	"Minha natureza verdadeira é a paz".		
10/11	Etc.		
11/12	Etc.		
12/13			
13/14			
14/15			
15/16			

Escreva o controle num pedaço de papel ou caderno que você possa levar no bolso. Ao final de cada hora marcada, pare para refletir sobre a hora que acabou de passar em termos de quanto você conseguiu reter na consciência a afirmação e a experiência. Depois disso, leia a afirmação para a hora seguinte e prepare seu estado mental para lidar com ela.

Escreva um parágrafo sobre o que aprendeu dos seguintes pontos:

1. Como alma, ser interno vivo e inteligente, habito e dou vida ao corpo. Através dele eu me expresso e experimento o mundo a minha volta.

2. Homem, mulher, negro, branco, americano, chinês, cristão, budista etc. são adjetivos relacionados a sexo, cor, local de nascimento do corpo e religião.

3. Minhas qualidades inatas são amor, paz, pureza, felicidade, poder, equilíbrio e verdade.

4. O que mais aprendi ou fui inspirado a pesquisar a partir do Capítulo 1 do livro *Caminhos para uma consciência mais elevada?*

Capítulo 2
PENSAMENTO E CONSCIÊNCIA

Quando coloco as coisas na perspectiva certa, vejo quanto me deixei dominar pelas causas e os efeitos de meu próprio pensamento. É verdade que existem muitas pressões reais na vida — prazos a observar, contas a pagar, responsabilidades a cumprir. Ao mesmo tempo, existem muitas pressões imaginárias sem as quais eu me sairia muito bem.

Deter-me demasiadamente no passado: *"Se eu estivesse lá, teria evitado isso e aquilo"*. Fantasiar o futuro: *"Quando eu tiver mais dinheiro (tempo, posição, respeito), vou ser capaz de fazer isso e aquilo"*. Essas duas atitudes refletem a falta de entendimento de como a consciência trabalha, e de como chegar a um acordo com ela pode trazer poder.

Se o pensamento nos tempos passado e futuro é fonte de pressão interna da qual definitivamente não preciso, a falta de percepção do presente também pode me conduzir mal para um mundo de pensamentos inúteis e negativos. Fazer listas de defeitos dos outros, tentar imaginar os motivos dos outros, duvidar de si turvam minha visão e impedem meu progresso durante o caminho.

Preciso alargar minha perspectiva e aprofundar minha compreensão.

Atores no desempenho de seus papéis

Objetivo: entender a diferença fundamental entre ser um ator e ter papéis diferentes a desempenhar.

Faça uma experiência com a ideia de que somos todos almas com roupagens diferentes e de vários tamanhos.

Simplesmente dê uma olhada ao redor, no local onde você vive ou trabalha, e aprecie a beleza da diversidade.

Veja como cada um é singularmente diferente. Entenda que não é uma questão de papéis melhores ou piores — apenas papéis diferentes. Identifique os vários fatores de benefício disso. Veja quão depressa a mente trabalha se você lhe permitir aquietar-se por um momento.

Durante o dia, mesmo que possa estar envolvido em muitas atividades, rodeado por uma porção de estímulos para seus sentidos, intelecto e mente, veja tudo e todos como parte de uma peça teatral imensa.

Mover-se com consciência da alma

Objetivo: tornar natural a prática da consciência da alma enquanto se move e faz coisas.

Assim como o motorista se senta atrás do volante, controlando o carro, fixe sua atenção num ponto central da testa, levemente acima das sobrancelhas, e comece a controlar o uso de seus membros e sentidos a partir daí.

De pé, feche os olhos e conscientize-se de cada um dos cinco sentidos por meio dos sons e sensações ao redor. Por fim, abra os olhos e veja através deles como se fossem janelas. Comece a fazer pequenos movimentos com as mãos e os pés e conscientize-se de que você, a alma, é de fato o mestre de cada movimento que faz. Comece a andar mantendo essa consciência.

Alimentar-se com consciência da alma

Objetivo: reforçar a natureza espiritual básica do ato de preparar ou de comer o alimento.

Ao começar a comer qualquer coisa, você, o motorista, pode ter a consciência de que o alimento é o combustível do corpo. Em vez de avançar na comida, faço uma pausa antes de cada garfada para verificar se estou consciente de que sou uma alma alimentando meu corpo físico. Dessa forma, posso apreciar o aroma e o que a comida tem de bom sem me tornar escravo do paladar.

O grande quadro

Objetivo: ver o quadro inteiro de sua vida.

Imagine uma câmera de TV, acoplada a sua visão, que gradualmente se afasta do presente. Ela se abre com uma imagem de suas mãos e então de seu corpo como um todo. Recuando mais, você vê sua casa e seu trabalho e os relacionamentos principais que formou ou entre os quais nasceu. À medida que a câmera se afasta cada vez mais, chegam-lhe as imagens de sua rua e depois da cidade. Através das lentes da câmera você vê seu país e a Terra girando vagarosamente no espaço sideral. Todo o universo físico começa a retroceder, e você se vê no mundo das almas, rodeado pela luz vermelho-dourada lá existente. Você se vê como uma alma, livre e leve.

Criação de um ambiente poderoso

Objetivo: entender que você tem o poder de influenciar seu meio.

Se meu intelecto estiver fraco, estarei à mercê do ambiente, seja ele qual for. Emoções e pensamentos específicos surgem dos *sanskars*, não necessariamente os de minha escolha.

Para ficar protegido de um ambiente negativo e criar outro, poderoso e positivo, eu devo:

- manter atenção profunda em minha natureza verdadeira;
- usar o intelecto para clarear a mente e tornar-me introspectivo;
- entrar profundamente no *eu* e escolher as emoções mais puras e mais elevadas de paz, poder, alegria ou qualquer qualidade necessária para uma situação específica, retendo essa qualidade na mente.

Em vez de esperar que as situações sempre me tragam benefício pessoal, devo mudar minhas atitudes para trazer benefício a todas as situações. Isso cria um ambiente poderoso de crescimento espiritual. Onde há expectativa há sempre a possibilidade de desapontamento. A atitude de criar benefícios significa o fim da frustração.

A natureza inata da alma é a paz. Por meio da *Raja Yoga*, desenvolvo o poder de manter a experiência de paz por longos períodos, mesmo enquanto falo ou ajo. Isso tem efeito muito natural sobre o meio ambiente, onde quer que eu esteja — numa sala, no elevador, num ônibus ou na rua. Por fim, posso afetar o mundo inteiro de forma positiva.

O jogo mente-intelecto-*sanskars*

Objetivo: entender as interações do eu.

Situação: "Ontem meu médico me disse para começar urgentemente uma dieta e proibiu-me de comer alimentos gordurosos. Agora estou visitando minha mãe e ela acabou de fazer minha torta de maçã predileta com creme de leite batido".

Use o seguinte quadro como orientação:

Sanskars	Mente	Intelecto
A maravilha deliciosa torta de maçã.	"Só uma mordidinha!"	"Lembrem-se do que o médico disse sobre comida gordurosa."
As memórias da infância.	"Ela fez isso com tanto amor."	"Não importa, ela entenderá se você não comer."
O sabor do creme de leite na língua.	"Deve estar realmente cremosa."	"Pense em quanto colesterol isso tem."
A memória da última tentativa de fazer dieta.	"Esta é a terceira vez que tento fazer dieta neste ano."	"Você realmente não pode continuar comendo tanto assim."
A tendência de adiar as decisões para momentos mais convenientes.	"Vou conseguir compensar amanhã comendo menos."	"Realmente vai fazer exercícios e comer menos amanhã. Você disse isso da última vez."

Agora preencha você mesmo um novo quadro:

Situação: "Meu chefe disse-me que, se eu continuar a chegar tarde ao trabalho, ele me despedirá. O único problema é que vou ter de desistir de estudar à noite, se quiser acordar na hora. No momento só estou tendo seis horas de sono. Para chegar ao trabalho na hora, terei de me levantar às cinco horas da manhã, e está extremamente frio nesta época do ano".
Agora invente sua própria situação.
Com base neste exercício, que papel você atribuiria ao intelecto no controle do *eu*?

Meditação 1-2-3

Objetivo: rever os fundamentos da prática da meditação.

Nos estágios iniciais, a prática da meditação inclui três passos básicos:

1. Lembrança do eu como alma, e não como corpo.
2. Experiência do mundo das almas como o lar.
3. Experiência do estado original.

Leia vagarosamente as seguintes palavras e entre na experiência de cada pensamento sugerido.

Lembrança do *eu* como alma, e não como corpo

Eu sou uma alma... Eu sou a força da vida... Eu sou o condutor... Eu, a alma... Uma estrela, não tenho tamanho... Sou realmente apenas um pontinho de luz... Posso facilmente desprender-me do mundo a minha volta... De meu posto de comando, sou o governante de todos os meus órgãos dos sentidos... Sinto-me distante dos problemas de ontem, hoje e amanhã... Eu sou apenas uma alma pacífica... Uma alma amorosa... Todos os outros também são almas como eu... Todos são minúsculas estrelas brilhantes... Sinto-me distante do mundo físico... Sou simplesmente uma alma... Mente, intelecto e *um conjunto de traços de personalidade... Sou pacífico...*

Continue pensando desse modo e então passe para o próximo exercício.

Experiência do mundo das almas como o lar

Entro num estado de introspecção ao concentrar minha atenção no ponto entre as sobrancelhas... Estabilizo-me como o mestre do corpo ao ocupar o trono da alma nesse corpo...
 Aprofundo-me cada vez mais no sentimento de ser uma alma, tão distinta do corpo quanto o chão ou a cadeira na qual estou sentado...
 Vejo os papéis que tenho de desempenhar no mundo como distintos de meu ser essencial, do mesmo modo como são as roupas que uso... Posso vestir esses papéis ou removê-los quando quiser e, assim, reter o controle...
 Eu sou uma alma, o mestre... Visualizo-me como um pontinho minúsculo de energia viva brilhando como uma estrela no centro da testa...
 Sei que sou diferente da matéria... Sei que devo ter vindo de outra dimensão... Jogo com esse pensamento à medida que gradualmente trago à tela mental a imagem de uma expansão de luz vermelho-dourada...
 Agora visualizo-me lá... Um ponto minúsculo de luz consciente flutuando livremente... Sem escravidões, sem ligações com ninguém

nem nada... Simplesmente livre para ser o que sou em minha essência... Retenho essa experiência por alguns momentos no silêncio e na tranquilidade totais de meu doce lar espiritual e gradualmente volto à consciência daquilo que está a minha volta.

Experiência do estado original

Passe pela meditação anterior do começo ao fim e continue com os seguintes pensamentos:

Agora estou finalmente aqui, no mais elevado de todos os locais de peregrinação... Meu próprio lar... Tenho a consciência sutil dos papéis e das responsabilidades do mundo físico, mas eles estão distantes neste momento... Percebo que preciso recarregar-me em meu lar para conseguir enfrentá-los melhor...
Sinto cada uma de minhas qualidades inatas no ambiente deste local... Experimento-as uma a uma, em seu potencial mais elevado... Apreciando o máximo de cada qualidade, eu as irradio como luzes vindas de um farol...

Paz... Pureza...
Amor... Equilíbrio...
Felicidade... Poder...
Verdade...

Sentindo a profundeza de minha própria espiritualidade, percebo que nada nem ninguém pode levá-las de mim... Agora sei o que realmente sou, e a força dessa consciência prolonga-se à medida que volto às minhas atividades...

Escreva um parágrafo sobre o que você aprendeu com os seguintes pontos:

1. A alma opera a partir de três faculdades principais: mente, intelecto e *sanskars*. Juntas, elas produzem o estado do indivíduo a qualquer momento.
2. Pensamentos positivos ajudam-me a ir numa direção positiva.
3. Inicialmente, a meditação é um processo de reflexão profunda sobre o *eu* e suas qualidades inatas.
4. Como eu sou e o que faço afetam minha mente, meu corpo, meus relacionamentos, a sociedade e, por fim, o estado do mundo.
5. Só posso melhorar as coisas sobre as quais exerço algum controle.
6. A consciência da alma abre as portas para o mundo da espiritualidade e faz com que haja o desenvolvimento natural das virtudes. A consciência do corpo é a origem da negatividade ou dos vícios.
7. O mundo incorpóreo é o lar das almas.
8. O que mais aprendi ou fui inspirado a pesquisar no Capítulo 2 do livro *Caminhos para uma consciência mais elevada?*

Capítulo 3
DEUS, A CONEXÃO PERDIDA

É tão fácil ficar envolvido na correria da longa e monótona tarefa do mundo que perdemos a noção do sentido da vida. As atrações e distrações dos sentidos e as exigências da vida na atualidade exercem forças antagônicas e incessantes sobre nós. As múltiplas escolhas de atividades e programas são uma carga extra para as almas já sobrecarregadas.

De alguma forma, em meio a toda essa complexidade, a necessidade de direção e força clama bem alto.

A nostalgia de momentos mais tranquilos e realizadores nos faz voltar para dentro de nós mesmos em busca de respostas vindas de nosso passado espiritual. Nesse passado, Deus obviamente teve o papel mais fundamental, por isso tem sido tão lembrado pela humanidade em todas as suas crenças e filosofias. Intuitivamente, todos nós sabemos que a necessidade de pureza emocional e clareza intelectual em nível mais profundo só pode ser satisfeita por Aquele que chamamos de Deus, Alá, Jeová, *Shiva*, e assim por diante.

Simplesmente necessito de paciência e abertura para vivenciar o mais significativo de todos os relacionamentos.

Uma carta de *Deus* para você

Objetivo: compreender que o relacionamento com Deus é bilateral. Não se dá apenas de você para com Deus, mas de Deus para com você.

Mantenha em mente uma profunda e significativa comunicação e ligação íntima em que você conscientemente tenha sentido as qualidades que o mantêm próximo de Deus. Agora, permita-se sentir como Deus, Pai e Mãe amorosos, o vê como filho amado. Escreva uma carta de Deus para você na qual seus pontos melhores sejam mencionados da forma mais encorajadora possível.

Em que você acha que *Deus* quer que você se transforme?

Objetivo: aprofundar a experiência do primeiro exercício.

Pegue três pedaços de papel ou cartolina de cores diferentes. No primeiro escreva, numa só frase, que esforço você está fazendo neste momento para melhorar sua vida.

Deixe-se entrar num estado de consciência da alma e escreva, no segundo pedaço de papel, o que você gostaria de fazer se fosse livre de obstáculos e grilhões. Nesse estado espiritual mais profundo, perceba que realmente tem o poder de pôr em prática o sentido dessa segunda frase.

Crie um estado de ligação com Deus e escreva, no terceiro pedaço de papel, o que você acha que Ele quer que faça. Veja-se através dos olhos de Deus num estado profundo de autorrespeito. Considere como Deus pode dar-lhe o poder de assimilar a terceira frase que formulou.

Sistemas de apoio vital

Objetivo: entender de onde você está extraindo apoio.

O que acha que pode conseguir de cada aspecto diferente de sua vida e de seus relacionamentos? Faça um quadro e priorize as relações em termos do que mais necessita. Inclua aspectos como família, emprego, sociedade, relacionamentos específicos e **Deus**. Pense nas similaridades e diferenças entre o que você recebe de Deus e o que recebe de outros seres humanos, de objetos e situações.

Apoio de:	Ganho (o que você recebe):
1.	
2.	
3.	
4.	
5.	
6.	
7.	

Seu relacionamento com Deus

A partir do quadro anterior, crie uma imagem de seu relacionamento com Deus. Medite sobre isso e crie um poema de sua experiência.

Meditação e *Deus*

Objetivo: trazer uma experiência real da natureza bilateral do relacionamento com Deus.

O que atrai a alma para algo ou alguém é o que ela sente. Os pensamentos são usados para dar forma à ligação, mas seu impulso é o sentimento. Meditação é a criação de pensamentos elevados baseados na consciência da alma; a partir daí é criada a ligação desses pensamentos com Deus. A alma é como uma bateria, Deus é a fonte de força, e os pensamentos são os fios que fazem a ligação.

Baseando-se nos exercícios dos capítulos anteriores, considere a essência de cada um dos seguintes pensamentos:

Desprenda-se do pensamento negativo ou inútil

Eu sou a alma no corpo... Trago minha atenção para o local do corpo onde resido — o centro da testa... Apesar de estar fisicamente rodeado de muitas coisas, elas não fazem parte de mim, a alma... Quando pensamentos negativos ou inúteis atraem minha atenção, simplesmente deixo-os vir e ir... Tenho a convicção plena de que nada nem ninguém pode tirar a alma e suas propriedades inerentes de minha consciência. Eu SOU a ALMA, e não o corpo.

Crie pensamentos puros ou elevados acerca do estado original e do lar da alma

Afasto-me da superfície de mim mesmo e do envolvimento com o mundo ao meu redor... Faço isso conscientemente não como fuga, mas para fortalecer-me a fim de voltar a este mundo com poderes e virtudes maiores... Visualizo o foco de energia consciente e pura que sou irradiando-se do centro da testa... Sinto paz, amor e pureza inerentes...

Estou consciente de que, assim como não sou meu corpo, não pertenço a esse mundo físico... Volto meus pensamentos para dentro e para além do ambiente externo... Lembro-me de uma dimensão de luz vermelho-dourada que é meu lar espiritual... Vejo-me lá em meu estado original de paz e pureza... Sinto minha liberdade e eternidade...

Visualize o *eu* diante do Supremo

Eu sou simplesmente um ponto de energia consciente... Em meu lar conscientizo-me de outro ponto... Como uma agulha atraída por um ímã, sou puxado em direção a Deus, também em Sua forma radiante de luz... Visualizo o encontro com Aquele a quem procurei por tantas vidas... Finalmente estou diante Daquele que é a fonte de todo o poder espiritual para todas as almas...

Assim como o Sol é responsável por todo o sustento físico da Terra, Deus é o Sol Espiritual cuja tarefa é reabastecer-me. Banho-me nos raios de Sua luz e de Seu poder ilimitados... Estou absorvendo raios de paz, amor, poder, pureza, verdade e felicidade... Estou consciente de que não pode haver nenhuma experiência tão realizadora quanto esta...

Abra o *eu* para receber as qualidades de Deus em cada relacionamento

Inicio uma conversa coração a coração com Aquele a quem devo tudo o que acredito ser verdadeiro e bom... Sinto uma proximidade que nunca experimentei nos livros ou ídolos... Sinto o quanto sou filho Dele... Ó, meu querido Pai/Mãe... Quanto busquei aproximar-me de Ti... Tu, que és a Mãe de todas as mães, o Pai de todos os pais, o Professor de todos os professores, o Guia de todos os guias...

Abro-me para receber a essência das qualidades incorporadas em cada um dos relacionamentos que tenho Contigo... Mãe... Pai... Professor... Guia... Amigo... Companheiro...

Exploro as possibilidades de todos os relacionamentos Contigo e gradualmente transbordo... Por um lado, recebo tanto e, por outro, envio aos outros o que recebo.

Com a confiança de que posso renovar e fortalecer meu relacionamento Contigo a qualquer momento, volto vagarosa e conscientemente à percepção daquilo que está ao meu redor...

Escreva um parágrafo sobre o que você aprendeu com os seguintes pontos:

1. Deus é a Mente e o Intelecto perfeitos com *sanskars* de amor, paz, felicidade, verdade, pureza e equilíbrio ilimitados.
2. Deus é a essência de todos os relacionamentos — Mãe, Pai, Professor, Guia, Amigo, e assim por diante.
3. Presença, poderes e conhecimento, além dos atos de criação, sustentação e destruição, são todos de natureza espiritual, não física.
4. O que mais aprendi ou fui inspirado a pesquisar no Capítulo 3 do livro *Caminhos para uma consciência mais elevada*?

Capítulo 4
KARMA E *YOGA*

Imagine um grupo de pessoas içando velas sobre *icebergs* para apanhar os ventos mais fortes. O problema é que 95% do *iceberg* está abaixo do nível da água, sujeito, portanto, às correntes marítimas. As correntes ganham sempre. Se os ventos não se moverem com elas, o esforço será absolutamente inútil.

Essa imagem, por mais bizarra que seja, retrata a frustração que sentimos por não saber por que as coisas nem sempre acontecem como desejamos. Quero livrar-me de meu emprego para dedicar mais tempo a um interesse especial, e isso não acontece. Quero ir para outra cidade a fim de escapar de algumas pessoas com as quais convivo, mas parece que nunca consigo fazer isso. A lista de desejos não realizados é longa.

O *iceberg* abaixo da superfície representa todos os pensamentos, palavras e ações desta ou de outras vidas.

Essa massa subconsciente dos *sanskars* está sujeita aos caprichos do passado que ainda não foram resolvidos ou, em outras palavras, a tudo o que não foi devidamente liquidado; o chamado débito *kármico*. Independentemente da vontade e de falar de vontades, se uma coisa não deve ser, não será... a menos que eu assuma o controle de minha vida.

Posso mudar os efeitos de meu passado ao entrar em acordo com ele. A meditação dá poder aos *sanskars* mais positivos e igualmente me inspira um nível mais alto de ação para servir os outros, trazendo-lhes força e conhecimento.

Não tenho de ser vítima do que pensei, disse e fiz no passado. O entendimento do processo do *karma* e a experimentação desse entendimento podem ser o trampolim de minha transformação.

Criar tempo para a prática da meditação

Objetivo: aprimorar o uso do tempo.

Sem dúvida, uma das maiores desculpas para não me aplicar à prática da meditação na intensidade de que preciso está relacionada à falta de tempo. Na realidade, é simplesmente uma questão de prioridades. Se quero melhorar, preciso do poder que a meditação me dá. Preciso, portanto, estar disponível para experimentar o processo da meditação durante algum tempo.

Como você passa sua vida?

Faça um quadro que inclua os seguintes itens (o exemplo é o de uma pessoa de 45 anos de idade):

Atividade	Horas por semana	Nº de anos	Multiplique pelo quociente 0,006[1]	Nº de anos gastos
Sono	56	45	56 x 45 x 0,006	15,0
Alimentação	14	45	1 4 x 45 x 0,006	3,8
Banho	5	45	5 x 45 x 0,006	1,4
Tráfego	8	30	8 x 30 x 0,006	1,4
Trabalho	40	25	40 x 25 x 0,006	6,0
Estudo	25	15	25 x 15 x 0,006	2,2
Lazer (TV, hobbies, esportes etc.)	15	39	15 x 39 x 0,006	3,5
Limpeza de casa, lavar e passar	5	29	5 x 29 x 0,006	0,9
Compras, banco etc.	3	25	3 x 25 x 0,006	0,5
Tempo gasto até os 15 anos de idade não incluído nos itens acima:				7,4
Total				42,1
Tempo que sobra para qualquer outra coisa				2,9

[1] O quociente 0,006 é o resultado de 52 (número de semanas do ano) dividido por 8.760 (número de horas do ano).

Agora faça o seu quadro.

Uma vida equilibrada

Objetivo: ver de forma prática as razões do desequilíbrio de sua vida.

Numa folha de papel, desenhe uma mesa (tampo e quatro pés), como mostra a figura. Cada pé deve ter a altura correspondente ao tempo e a energia que você gasta com cada área de sua vida.

Cartolina	Comprimentos relativos de acordo com o tempo e a energia devotados a cada área (cor cinza) de sua vida
Tampo da Mesa	Vida em família
	Vida no trabalho
	Vida espiritual interior
	Serviço à comunidade

Qual pé é o menor?
Qual é o maior?
A mesa está equilibrada?

A equação da vida

Objetivo: reforçar de forma prática o senso de autovalorização.

Considere a seguinte equação:

A	+	B	=	C
O que sou agora	+	O que preciso desenvolver	=	O que quero ser
_____	+	_____	=	_____

Encontre um local tranquilo para sentar-se, meditar e cultivar um sentimento de bem-estar. Escreva, da forma mais objetiva possível, três qualidades positivas ou virtudes que você sente ter. Sublinhe a principal essa é a **resposta A** da equação.

1. _____
2. _____
3. _____

Para chegar à **resposta C**, seja objetivo e pergunte-se que experiência/qualidade você realmente quer da vida. Para chegar à **resposta B**, volte ao exercício anterior e reflita sobre o porquê de alguns pés serem menores que outros. O que está faltando? Agora preencha o seguinte quadro:

O que preciso desenvolver

Escreva três virtudes que você precisa desenvolver para melhorar sua/seu:	Agora escolha uma virtude de cada grupo da coluna 1 que sente ser mais importante neste momento.	Agora escolha uma virtude da coluna 2 que sente ser mais importante neste momento e escreva no final do quadro.
Vida familiar 1. 2. 3.	1.	
Vida no trabalho 1. 2. 3.	2.	
Vida espiritual interior 1. 2. 3.	3.	
Serviço à comunidade 1. 2. 3.	4.	
Esta é a resposta B da equação		

Agora volte para sua equação e escreva tudo novamente num papel à parte, com sua melhor letra, de modo que você possa guardá-lo como um lembrete de seu objetivo atual.

Criação de ações e pensamentos puros

Objetivo: criar um relacionamento correto e especial entre o que você realmente é nas profundezas da alma e o que você faz.

Medite com atenção sobre a criação de ações e pensamentos puros. Experimente a possibilidade de receber poder para transformar pensamentos, palavras e ações e aliviar a carga do passado.

Entre na profundidade de cada um dos seguintes pensamentos:
Eu tenho a noção genuína de meu ser verdadeiro... Separado do corpo físico... Um ponto minúsculo de luz consciente brilhando no meio da testa... Tudo o que sempre fui ou serei está nesse ponto...

Todos os sentimentos, pensamentos, imagens e decisões passam por mim, a alma... Eu sou um ponto de paz, poder, amor...

Fiz uma longa jornada por muitos corpos-vestimentas para chegar aqui e agora, nesta forma física, de algum modo perdi o contato com meu eu verdadeiro... Coloquei limites a minha volta... Com isso só criei mais dúvidas, ilusões e insegurança... Mas agora voltei para mim mesmo... Sinto-me como realmente sou... Um ser cheio de paz...

Sento-me em meu trono com essa certeza... Não tenho de buscar a paz, pois ela é minha propriedade... Ela não está fora de mim... Agora entendo que a mãe da paz é essa consciência pura de meu ser verdadeiro...

Sinto minha essência de forma clara e simples... Minha atenção vai naturalmente para meu lar de origem... Vejo que não sou matéria... Não sou nada além de um visitante no mundo físico...

Lembro-me de meu doce lar de silêncio... Uma região além do universo físico, ainda assim à distância de apenas um pensamento...

Visualizo-me flutuando livremente nessa luz vermelho-dourada e sinto meu estado original... Antes mesmo de entrar no campo da ação... Sem relacionamentos, sujeição, contas kármicas... *Nada...*
Sou totalmente livre e cheio de paz e poder... Completamente desprendido, mas ao mesmo tempo cheio de amor puro...
Vejo-me nesse estado original e novamente experimento essa beleza... Uma estrela minúscula de energia viva, pura, imaculada, ilimitada... Permaneço alguns minutos nesse autorrespeito total... Vagarosamente, volto ao plano da ação...

Escreva um parágrafo sobre o que você aprendeu com os seguintes pontos:

1. O passado cria o presente, que por sua vez produz o futuro. Sendo assim, eu sou o arquiteto de meu próprio destino.
2. Passei pelo processo de nascimento e renascimento muitas vezes.
3. Posso trabalhar minhas contas *kármicas* por meio do serviço aos outros e do poder da meditação.
4. O que mais aprendi ou fui inspirado a pesquisar no Capítulo 4 do livro *Caminhos para uma consciência mais elevada*?

Capítulo 5
VIRTURDES – A EXPRESSÃO DO INATO

Até agora as experiências de meditação nos exercícios anteriores me mostraram quanto eu realmente posso tirar de mim para mudar a natureza e o curso de minha vida. Aprendi sobre meus *sanskars* mais profundos e minha ligação com Deus. Entendi os princípios básicos da ação no mundo e também que, para melhorar minha vida, certas virtudes (*sanskars* positivos) precisam ser trazidas à tona.

Blaise Pascal (1623-62), o grande cientista e erudito francês, tinha uma forma interessante de abordar a questão da existência de Deus. Ele disse que, se alguém acredita na existência de Deus, não tem nada a perder. Se Ele existe, a pessoa beneficia-se da crença. Se Ele não existe, então também há ganho. Esse raciocínio, que se tornou conhecido como "a aposta de Pascal", pode ser aplicado à questão do aperfeiçoamento pessoal:

Se eu fizer esforços para elevar a qualidade de meu ser, de meu pensamento e de meus atos e o futuro for melhor, estarei mais preparado para ele do que aquele que não se esforçou. Se o futuro for pior, certamente estarei mais feliz em todos os sentidos do que aquele que não fez nada. Se o futuro for de destruição, pelo menos meu esforço poderá ajudar-me na ocasião!

Em certo sentido, o aperfeiçoamento pessoal resume-se a restaurar o poder pelo contato e pelo relacionamento com o Supremo. Os *sanskars*, tanto os positivos quanto os negativos, estão em mim enquanto leio estas linhas. Em outras palavras, tudo de que preciso e quero ser está dentro de mim neste momento. O que acontece é que perdi o acesso às qualidades internas que são a base do desenvolvimento das virtudes.

Como indivíduo, estou no centro de meu próprio pequeno universo. Meus papéis são como os planetas de um sistema solar do qual eu sou o Sol. Se eles estão sem luz suficiente é porque eu não a tenho. Preciso tornar-me esse Sol uma vez mais.

No decurso de um só dia tenho de desempenhar muitos papéis. Tenho de ser pai ou mãe, filho ou filha, irmão ou irmã, amigo, colega, chefe, subordinado, cidadão, consumidor ou o que seja, de acordo com a situação na qual me encontre. Cada papel tem relacionamentos, responsabilidades e rotinas respectivos que formam o conteúdo e o movimento de meu mundo pessoal. Cada um desses papéis (relacionamentos, responsabilidades e rotinas) exige respostas positivas de mim.

Este capítulo quer reforçar o que foi dito nos quatro anteriores e trazer o entendimento do mecanismo das respostas ou virtudes positivas nas situações diárias.

A revelação da bondade

Objetivo: entender o que realmente está por trás do modo como percebo as coisas.

Faça uma pequena lista das virtudes importantes num bom relacionamento entre duas pessoas.
Como você sabe que essas virtudes são importantes?

As duas respostas básicas

Objetivo: entender a diferença entre respostas baseadas em reação e respostas baseadas em ação.

Talvez você tenha respondido à pergunta anterior com "Eu sei com base na experiência". Por exemplo, mesmo que eu nunca tenha experimentado um relacionamento realmente sincero e respeitoso, ainda assim continuo a buscar essas virtudes e espero isso dos outros. Sua ausência tem no mínimo o poder de estragar meu humor, se eu o permitir. Por que então procuro essas qualidades mais profundas de paz, amor e felicidade a despeito da inconstância desses estados? De onde vem esse impulso? Quando há uma situação violenta diante de mim, o que me diz que ela é violenta? Por que a ausência de paz me afeta? Qual é esse *medidor* interno que pode avaliar o que está acontecendo fora de mim e me dizer que aquela situação não tem amor nem paz ou que aquela outra tem mais amor e paz do que a primeira? Onde reside a informação do que é pacífico, amoroso etc.?

Talvez você responda às perguntas com o clássico: "Dentro de mim". Qual é então o significado dessa frase simples e tão usada? Obviamente refere-se ao âmago da alma.

Se eu mostrasse um coco a uma criança que nunca o tivesse visto antes, ela diria que é uma bola cheia de pelos e de aparência horrível. A criança nunca imaginaria que dentro dessa bola existe uma deliciosa polpa branca e um refrescante líquido. Da mesma forma, quando me olho de fora, só consigo ver a superfície do que me tornei. Não consigo ver ou talvez nem sequer imaginar meu âmago, que, como o coco, é a única parte que realmente pode sustentar-me. A casca serve de proteção, mas certamente não posso comê-la!

Julgando a partir das virtudes que considero importantes, posso fazer uma lista breve dos grupos principais dentre inúmeras virtudes.

As qualidades inatas ou internas (QIs) que formam o âmago do ser são:

- Paz
- Amor
- Poder
- Verdade
- Felicidade
- Equilíbrio
- Pureza

Essas qualidades também são meus *sanskars* originais. Elas são tão básicas em minha existência, tão parte de mim que ninguém nem nada pode tomá-las. De fato, fazem parte de minha eternidade.

A *casca* consiste nos aspectos que adquiri não apenas no curso de minha vida atual, como também em outras vidas. Cada uma delas formou uma camada que serviu para separar-me de meu âmago. Em outras palavras, enquanto minha consciência estiver limitada a esses aspectos adquiridos (AAs), minhas verdadeiras qualidades estarão inacessíveis. A meditação ajuda-me a quebrar a casca desses AAs e ativar minhas qualidades internas que, por sua vez, formam as virtudes necessárias para uma resposta positiva ou baseada em ação.

Alguns dos aspectos adquiridos são:

- Experiências
- Habilidades
- Memórias

- Aprendizado
- Hábitos
- Crenças

A resposta reativa

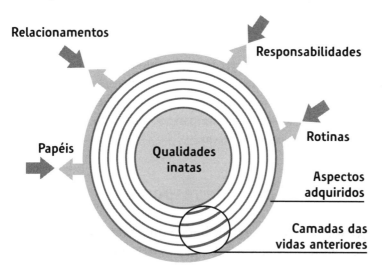

Devido às incessantes exigências de meus papéis, relacionamentos, responsabilidades e rotinas, meus pensamentos continuam presos a essas coisas externas. Sempre que paro para me ver, inevitavelmente olho de fora para dentro. Vejo somente a casca cheia de pelos do coco de meu ego: *eu sou fulano de tal, eu fiz isso e aquilo, eu sou minhas memórias* e assim por diante.

A **casca** consiste em aspectos adquiridos, que são os *sanskars* obtidos durante o curso, não apenas desta vida, mas de outras experiências, *know-how*, aprendizado, hábitos etc. Geralmente, esses *sanskars* mais superficiais e portanto mais fracos são a base de minhas respostas aos papéis, relacionamentos, responsabilidades e rotinas que me rodeiam.

Sendo assim, um relacionamento pode tornar-se apenas um conjunto de hábitos adquiridos que incentiva o conjunto de hábitos de outra pessoa. Tentamos encarar as exigências dos papéis, relacionamentos, responsabilidades e rotinas só com os aspectos adquiridos, e normalmente não é o bastante. Existem situações que são maiores e mais poderosas do que a capacidade de minha experiência consciente. Por exemplo, tento encarar o rompimento de um casamento ou a morte de um parente próximo com base em minha experiência. Se for a primeira vez, não existirá nada na *casca* a que eu possa recorrer para me ajudar. Em nível mais leve, alguém em meu trabalho grita comigo num acesso de raiva. Se eu só recorrer à experiência que tenho com essa pessoa, talvez não seja capaz de tratá-la com compaixão. Tais atitudes podem ser chamadas de **respostas reativas**.

Minha habilidade de responder

Objetivo: descobrir como melhorar minhas respostas aos desafios apresentados pelas pressões dos papéis, relacionamentos, responsabilidades e rotinas.

Escreva os três principais papéis que fazem parte de sua vida e suas respostas a eles:

- **Papéis**: mãe, pai, marido, esposa, filho, filha, amigo, irmão, irmã, colega, chefe, subordinado etc.

Papel 1
- Situações que podem provocar-me.
- Como normalmente respondo reativamente.
- Três virtudes que necessito ativar para melhorar minha resposta.

Papel 2
- Situações que podem provocar-me.
- Como normalmente respondo reativamente.
- Três virtudes que necessito ativar para melhorar minha resposta.

Papel 3
- Situações que podem provocar-me.
- Como normalmente respondo reativamente.
- Três virtudes que necessito ativar para melhorar minha resposta.

♣ **Relacionamentos** (coloque o nome da pessoa):

Relacionamento 1
- Situações que podem provocar-me.
- Como normalmente respondo reativamente.
- Três virtudes que necessito ativar para melhorar minha resposta.

Relacionamento 2
- Situações que podem provocar-me.
- Como normalmente respondo reativamente.
- Três virtudes que necessito ativar para melhorar minha resposta.

Relacionamento 3
- Situações que podem provocar-me.
- Como normalmente respondo reativamente.
- Três virtudes que necessito ativar para melhorar minha resposta.

♣ **Responsabilidades** (aqui você pode escrever a implicação do relacionamento, por exemplo: cuidados, criação, educação, apoio financeiro, lealdade ao parceiro etc.):

Responsabilidade 1
- Situações que podem provocar-me.
- Como normalmente respondo reativamente.
- Três virtudes que necessito ativar para melhorar minha resposta.

Responsabilidade 2
- Situações que podem provocar-me.
- Como normalmente respondo reativamente.
- Três virtudes que necessito ativar para melhorar minha resposta.

Responsabilidade 3
- Situações que podem provocar-me.
- Como normalmente respondo reativamente.
- Três virtudes que necessito ativar para melhorar minha resposta.

❦ **Rotinas** (aqui você pode escrever uma sequência de coisas que faz com regularidade: diariamente, semanalmente, mensalmente, anualmente etc.):

Rotina 1
- Situações que podem atrapalhar minha rotina.
- Como normalmente respondo reativamente.
- Três virtudes que necessito ativar para melhorar minha resposta.

Rotina 2
- Situações que podem atrapalhar minha rotina.
- Como normalmente respondo reativamente.
- Três virtudes que necessito ativar para melhorar minha resposta.

Rotina 3
- Situações que podem atrapalhar minha rotina.
- Como normalmente respondo reativamente.
- Três virtudes que necessito ativar para melhorar minha resposta.

A resposta proativa

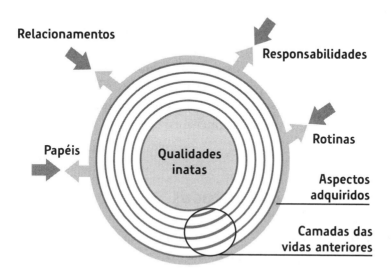

O grande desafio é, sem dúvida, como ativar as virtudes para melhorar minha resposta. Como já mencionamos, o âmago das qualidades inatas é tão essencial à natureza humana que se torna o alicerce definitivo de todas as respostas positivas. Cada **virtude** e cada **poder** nasce desse âmago.

Assim como a mistura das cores primárias dá origem às secundárias (por exemplo, azul com amarelo resulta em verde), as qualidades inatas combinam-se para formar virtudes e poderes. Virtudes e poderes são a forma aplicada das QIs. Por exemplo, se meu chefe grita comigo, existem duas maneiras de responder. Posso apelar para os hábitos ou vícios que se arraigaram em nosso relacionamento (ou seja, apelar para os AAs) e responder de acordo com isso esbravejando, revidando aos berros, tremendo nas bases ou seja lá o que for. Posso ainda responder desde um estado mais profundo no qual percepção, doçura, autorrespeito e coragem têm suas raízes (ou seja, apelar para minhas QIs). Em contato com meu *eu* inato, posso até mesmo ver através da máscara de sua raiva. Posso ver o sofrimento pelos gritos e sentir compaixão. Automaticamente entendo que, se ele não estivesse sofrendo por alguma razão, em primeiro lugar não estaria com raiva.

Tais virtudes e poderes são meus cúmplices na retificação de minhas respostas aos papéis, relacionamentos, responsabilidades e rotinas. Elas são compostas de duas ou mais qualidades inatas básicas. Portanto, preciso manter meu acesso às QIs, aberto e livre de bloqueios.

Composição das virtudes

Objetivo: adquirir maior acesso e controle das situações ao revelar a virtude que origina a resposta mais adequada.

Quando entendo exatamente como as virtudes são formadas, posso revelar as mais adequadas à determinada situação. Por exemplo, a situação exige que eu seja paciente. Penetro em mim mesmo e vejo que a paciência é basicamente feita de paz, verdade e uma pitada de amor. Na lembrança de Deus, entro no âmago das qualidades e trago a paciência. Assim como um artista tem em sua paleta algumas cores básicas e as combina de acordo com o desenho desejado, mantenho minha paleta de QIs pronta para cada situação.

Volte para o exercício da equação da vida, do capítulo anterior, e examine sua lista de virtudes. Complete depois o seguinte quadro:

Virtudes	Principais QIs presentes
Exemplos:	
Paciência	Paz, verdade, amor
Determinação	Poder, verdade, equilíbrio
Amor	Amor, verdade, felicidade
Três virtudes que você tem (do exercício da equação da vida)	
1.	
2.	
3.	

Virtudes	Principais QIs presentes
Quatro virtudes que você precisa desenvolver (do exercício da equação da vida)	
1.	
2.	
3.	
4.	

Agora é simplesmente uma questão de aprender como alcançar as QIs por meio da meditação para que eu possa fortalecer as virtudes que já tenho e trabalhar as que não tenho.

Como alcançar minhas qualidades internas

Objetivo: entender a prática da meditação à luz da revelação de minhas qualidades e meus poderes inatos.

Uma pessoa desavisada que caminha sobre uma mina de ouro não está consciente da riqueza existente sob seus pés. Por outro lado, um geólogo pode fazer uma estimativa razoável da existência da mina simplesmente examinando formações e tipos rochosos. Do mesmo modo, encontro-me sobre a mina de minhas próprias qualidades inatas. Preciso ser capaz de interpretar o panorama do mundo a minha volta e minhas reações às coisas.

Todo o processo da meditação tem por objetivo ativar nossas qualidades inatas, primeiramente estabelecendo sua existência e depois pela lembrança de Deus, fonte ativa e ilimitada dessas mesmas qualidades. O contato com Deus relembra-me como eu realmente deveria ser em meu íntimo mais profundo. Essa realização ajuda-me a entender como eu deveria agir. Dessa forma, o ser e o fazer harmonizam-se.

Meditação para manter o equilíbrio sob pressão

Objetivo: recapitular a experiência de meditação em situações práticas. Os passos são os seguintes:

1. Pare o que estiver fazendo e reserve tempo para entrar nas profundezas do ser — sente-se confortavelmente.
2. Torne-se o observador do que está acontecendo a sua volta neste exato momento: sons, vozes, movimentos.
3. Concentre-se no foco de energia consciente que é a alma, no centro da testa.

4. Note que você não está apenas no centro dos fenômenos físicos do momento. Os papéis, relacionamentos, responsabilidades e rotinas também circulam como planetas em volta do Sol e exigem respostas específicas. Observe-os de maneira desprendida.
5. Inicie o processo de introspecção para identificar suas qualidades inatas.
6. Reflita sobre cada uma delas como se conversasse com você mesmo.
7. Traga Deus para o quadro mental como o Responsável pela ativação de suas qualidades inatas.
8. Enquanto retém essa consciência, volte gradualmente para o ambiente que o cerca.

Os comentários seguintes interpretam os oito passos (não passe para o próximo passo se não se sentir bem no atual):

1. Sente-se confortavelmente, nem de forma rígida nem relaxado demais.
2. Eu observo o que se passa a minha volta prestando atenção aos sons, à temperatura, a minha própria respiração... Estou nesta sala, rodeado por diferentes fenômenos físicos. Sou apenas um espectador.
3. Concentro-me no foco de energia consciente que elabora o pensamento. É a partir desse local que penso, decido e comando minha vida.
4. Penso nos papéis que tive de desempenhar: hoje em casa eu fui (pai/mãe/filho/filha/etc.), aqui eu sou (chefe/colega/etc.). Minha responsabilidade é trabalhar para sustentar-me (e aos outros). Observo minhas responsabilidades, minhas rotinas. Olho para minha agenda como espectador. Vejo as coisas que aconteceram antes e as que irão acontecer mais tarde. Eu simplesmente observo. Olho para os diferentes relacionamentos que tenho com meu (esposo/esposa/amigos/colegas/etc.).

5. Relembro que estou no centro de todas essas situações, vendo-as de um ponto central da testa, um foco de energia consciente. Estou nesse ponto, onde minha mente se instala, observando todas as coisas ao redor. Até agora estive olhando para fora, para as coisas e situações que me rodeiam. Agora olho para dentro, mais profundamente. Vou até meu âmago e descubro que, nesse estado de calma, o processo se torna mais fácil.
6. Começo a trazer de minhas profundezas a experiência de minhas qualidades inatas. O verdadeiro eu vem à tona. É fácil ver que existe paz aí. Não me sinto fraco, é fácil sentir que existe poder. Não consigo sentir ódio, é fácil sentir amor. Torno-me estável, é fácil sentir que sou equilibrado. Mesmo que eu não conheça os detalhes, é fácil sentir a verdade, pois sou fiel a mim mesmo, sinto leveza.
7. Nesse estado de desprendimento interno lembro-me do lar da alma. Vejo-me lá, livre e desembaraçado, irradiando minhas qualidades inatas. Lembro-me de Deus, Aquele que é a fonte constante dessas mesmas qualidades. É como se minha ligação com Ele catalisasse e ativasse minhas próprias qualidades inatas. Tenho a sensação de que estou pleno do poder de ser virtuoso.
8. Com esses pensamentos abro bem os olhos. Escolho um ponto à minha frente para fixar o olhar e novamente tomo consciência da sala enquanto mantenho a ligação com essas qualidades.

Escreva algumas palavras sobre como você se sente depois dessa meditação.

O que mais aprendi ou fui inspirado a pesquisar neste capítulo?

Capítulo 6
PODERES
OITO PASSOS PARA A AÇÃO EFETIVA

Uma boa definição de espiritualidade é o poder de ser eu mesmo. Claro que *poder* é a palavra-chave. O sucesso da superação de obstáculos depende da extensão de meu poder. À medida que meu potencial de poder interno aumenta, vejo-me no controle das coisas. À medida que ele diminui, as circunstâncias tendem a me oprimir.

A busca de poder pessoal assumiu muitas formas durante séculos. Posso ter buscado poder naquilo que tenho em termos de riqueza, posição e posses. Talvez tenha tentado obter poder no que sou capaz de **fazer** com relação a minha profissão ou na influência que exerço sobre os outros. Ao assumir uma fachada de coragem, posso ter tentado usar máscaras e imagens falsas de mim mesmo para mostrar força onde não havia nenhuma. Nos capítulos anteriores aprendi que a espiritualidade não está baseada no que tenho, faço ou na fachada que apresento ao mundo. Ela depende do que **sou** internamente. Como alma, não preciso me **tornar** poderoso. Em certo sentido, eu já **sou**.

A expressão popular "a união faz a força" pode ser aplicada ao ser interior. Se defeitos e virtudes refletem o estado dos *sanskars*, fraqueza e poder referem-se ao estado do intelecto. Se o intelecto estiver coeso em sua função de lidar com o que tenho e faço, eu sentirei força. Se estiver dividido por dúvidas e preocupações, sentirei fraqueza. No caso da preocupação, por exemplo, o intelecto se fragmenta e consome tentando adaptar-se, discernir e encarar o que tenho e não tenho, o que faço e não faço. Isso me despedaça, enquanto a energia que deveria ser canalizada para a superação dos desafios da vida é absorvida pelos próprios desafios. Quando coloco várias bolas de bilhar em linha reta e bato na primeira num ângulo de noventa graus com o taco, a força da tacada é transmitida a todas as bolas. Se eu bater mal o taco ou se as bolas não estiverem adequadamente alinhadas, o impulso inicial será perdido. Do mesmo modo, se eu puder alinhar ação, posse e sentimento com meu ser interno, serei capaz de aprimorar meu poder como indivíduo.

Esse impulso inicial é o trabalho do intelecto. É o intelecto que conduz o processo da meditação ao decidir conscientemente que pensamentos criar. Por sua vez, ele recebe poder de Deus para tornar-se eficaz.

Eficácia é a capacidade de fazer as coisas certas da melhor forma possível. Tornar-se um ser humano eficaz é fazer-se capaz de aprimorar virtudes e poderes para que eles trabalhem para o *eu* e para os outros, da maneira mais positiva possível.

Embora ambos ajudem o *eu*, as virtudes inspiram os outros, enquanto os poderes podem ir além disso. Os poderes são como as virtudes, mas têm a capacidade de transformar as situações.

Oito poderes para minha vida prática

Além de ativar as virtudes, como foi visto nos capítulos anteriores, a prática da meditação faz surgir oito poderes muito úteis.

Assim como a energia elétrica pode manifestar-se através de aparelhos diferentes para aquecer ou resfriar objetos e criar luz, som ou movimento, o estado espiritual refinado torna a pessoa capaz de reagir de forma energizada a tudo o que se passa com naturalidade e facilidade.

O próprio poder espiritual pode ser usado de acordo com as necessidades da situação. Se é preciso acalmar ou incentivar, mover, parar ou alterar as circunstâncias, é meu poder interno que me permite fazer isso.

Veja o seguinte diagrama:

Já que minha vida é o exercício de minhas representações, relacionamentos, responsabilidades e rotinas, a disponibilidade de certos poderes, quando necessários, me confere tal domínio sobre as coisas que o estado anterior de pressão e sujeição torna-se uma lembrança distante. As virtudes ajudam-me a viver com os papéis, relacionamentos, responsabilidades e rotinas do melhor modo possível. Os poderes ajudam-me a **mudá-los**.

Com poder interno, posso agir de forma responsável e precisa.

Poder de ação

A ligação ou *yoga* com a força que é Deus injeta em mim oito poderes específicos que surgem como resultado do estado espiritual refinado. Eles são poderes de interiorização, acondicionamento e renúncia ao passado, tolerância, ajustamento, discernimento, avaliação ou julgamento, enfrentamento e cooperação. Funcionam em conjunto e de maneira integrada para produzir equilíbrio entre o que ocorre dentro e fora do ser.

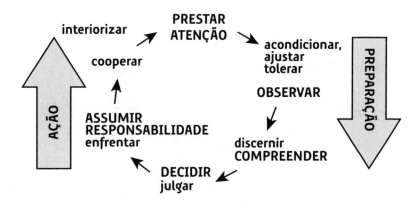

Poder de interiorização

Tudo começa com o ato de prestar atenção. Em vez de mergulhar na situação diante de mim, despendo alguns momentos interiorizando-me para verificar meu potencial de qualidades inatas. Essa inspeção interior assegura-me que, não importa o que aconteça, não perderei o equilíbrio nem o autorrespeito. Tendo verificado meu estado interno, posso então voltar minha atenção para a situação em si e **observá-la** com maior objetividade. Sem isso não poderei de fato agir conscientemente, uma vez que controle e concentração dependem da extensão de minha introspecção.

Introversão é realmente o portão do progresso. Sem a habilidade de monitorar o que aprendo e refletir profundamente sobre os dogmas do conhecimento espiritual para torná-los não apenas compreensíveis mas praticáveis, não posso avançar um passo sequer. Posso pensar e falar em progresso, mas é o poder de interiorização que me dá as ferramentas para transformar qualquer situação. Introversão é a base de minha estabilidade pessoal, especialmente diante de adversidades.

A interiorização me permite verificar a extensão de três outros poderes que fazem parte da forma como me observo e me preparo para agir.

Poder de acondicionar

Significa não se deixar influenciar negativamente pela subjetividade e chegar à avaliação correta da situação presente. É a base da capacidade de aceitar o que está diante de mim sem a tendência a preconceitos nem a hábitos. Isso não significa ser cego aos defeitos próprios ou de outros, mas levá-los em consideração sem ressentimentos nem perturbações.

Assim como ter as malas prontas garante o estado de prontidão para viajar, a organização e o acondicionamento do que preciso saber e absorver mantêm-me em estado de prontidão para qualquer eventualidade. Quase todas as provas que surgem para checar o nível de minha espiritualidade vêm sem prévio aviso. Se me preparar para tudo o que for necessário, a surpresa de qualquer prova me encontrará pronto para fazer o melhor.

O poder de acondicionar também significa a capacidade de compreender a essência dos fatos. Assim como a essência de uma flor é mínima, cada situação tem uma porcentagem minúscula de fatos essenciais. O resto é insignificante. Com a habilidade de observação objetiva, posso detectar e guardar apenas o que preciso para meu benefício. Triando as informações que recebo, ganho agilidade para entender os fatos. Tenho maior facilidade de escolher que atitude tomar.

Uma natureza calma é o resultado principal do poder de acondicionar.

Poder de ajustamento

Geralmente os atritos entre indivíduos acontecem devido à falta de poder de ajustamento. Como mostramos acima, as diferenças estão todas relacionadas a nossas qualidades adquiridas e quase sempre tornam-se motivo de disputa. Se estou com outro indivíduo e nossas consciências funcionam apenas no nível adquirido, raramente encontraremos conforto total um com o outro, simplesmente devido a essas diferenças. Elas tornam-se barreiras à unidade entre nós.

As qualidades inatas, contudo, são tão similares que se tornam pontes entre nós. A consciência do fato de que temos as mesmas qualidades inatas e, portanto, objetivos e necessidades idênticos a longo prazo, ou seja, nós basicamente queremos ser felizes e nos sentir bem, ajuda-me a considerar o que é essencial em determinada situação e a deixar de lado o que é ocioso. Consigo assim ajustar-me melhor. Se existem fraquezas no outro, posso facilmente relevá-las com essa visão mais profunda. Afinal de contas, na superfície eu também tenho fraquezas.

Na maioria das vezes, a mente é como uma mangueira d'água ligada, mas sem comando. Ela pula para lá e para cá. Quando nos interiorizamos, damos os primeiros passos em direção ao autocontrole. É como comandar a mangueira. O próximo passo é ajustar o controlador para que a quantidade adequada de água saia. Em caso de incêndio, será inútil se só houver algumas gotas saindo da mangueira.

Por outro lado, se tenho de regar uma roseira, não posso usar o mesmo volume de água necessário para apagar um incêndio.

Autocontrole e poder de ajustamento andam de mãos dadas. Se sou sensível às necessidades de alguém ou de uma situação, posso mais facilmente trazer à mente a atitude, a palavra ou o ato adequados. Se a exigência é de uma ação determinada (ou seja, tenho de "apagar o fogo"), posso dirigir minha capacidade nessa direção. Se a necessidade é de discrição gentil (ou seja, preciso "regar uma flor"), controlo meus impulsos.

Assim, o poder de ajustamento também inclui, em qualquer situação, estes aspectos: quem, qual, onde, quando, como e quanto eu devo pensar, falar e fazer. Não é simplesmente uma questão de ajustar-me ao que ocorre à minha volta, mas de implementar dispositivos autorreguladores na constituição de minha própria consciência.

Poder de tolerância

A visão de mim mesmo e dos outros como almas que desempenham diferentes papéis em nossos respectivos corpos é a base do poder de tolerância. Ser capaz de observar nossa semelhança, por um lado, e apreciar nossas diferenças, por outro, dá-me uma elasticidade bastante natural. Assim como a tolerância de um metal é sua resistência inata à ruptura, com o poder que essa percepção me dá posso resistir à "ruptura" sob quaisquer circunstâncias. Ela me indica dois aspectos extremamente práticos.

Primeiramente posso entender a singularidade de cada *ator-alma* na *peça* chamada Vida. Cada um de nós tem virtudes e defeitos, forças e fraquezas e está resolvendo suas contas *kármicas* pessoais. Como vimos no último capítulo, cada um de nós é individualmente responsável pelo que faz. Se alguém está fazendo qualquer coisa positiva ou negativa, mesmo que eu queira, não posso partilhar os frutos de seus atos. Eles só podem repercutir sobre seu autor. Qualquer sofrimento que posso receber dos outros é apenas o retorno de minhas próprias atitudes em relação a eles.

Se alguém ficar com raiva de mim, a raiva será dele, não minha. Ele tem de resolvê-la, não eu. Se alguém está triste, isso não significa que eu tenha de ficar triste para mostrar minha solidariedade. Só preciso permanecer num estado poderoso e equilibrado de observação para realmente ser útil a essa pessoa.

Em segundo lugar, não importa quem esteja diante de mim nem o que esteja fazendo, eu não posso mudá-lo. Só posso mudar minha própria atitude e visão com relação a isso. Ao transformar-me, talvez meu exemplo inspire mudanças nos outros, mas isso é o máximo que posso fazer.

Tolerância não é uma questão de suportar resignadamente alguém ou alguma coisa. Será uma atitude natural quando eu nem sequer sentir que a estou colocando em prática.

Poder de discernimento

Apenas a partir do estado de observação desprendida realmente poderei compreender o que se passa a minha volta. Para compreender pessoas e situações, preciso ser capaz de diferenciar entre o falso e o verdadeiro, entre o ouro autêntico e o falso.

Se minha habilidade de observação e os poderes de acondicionamento, ajustamento e tolerância tiverem me preparado bem, três aspectos ficarão muito claros:

- entenderei a essência do que se passa;
- conseguirei adotar a melhor perspectiva possível;
- compreenderei o valor intrínseco da situação.

Sempre que tiro alguma coisa de seu contexto, deixo de entendê-la e inevitavelmente começo a distorcê-la. Por exemplo, uma mosca na parede é apenas uma mosca na parede. Se a colocar no microscópio, a mesma mosca parecerá um monstro. Do mesmo modo, todas as situações acontecem no contexto de suas raízes históricas, seus efeitos presentes e suas futuras implicações ou ramificações. O passado, o presente e o futuro são o pano de fundo de cada acontecimento. Visto contra esse pano de fundo, seu significado real sobressai para ser compreendido.

A melhor perspectiva é a holística, quer dizer, a capacidade de ver as conexões e os inter-relacionamentos de todos os elementos de uma situação. Sem uma perspectiva mais abrangente, sou impelido por minhas experiências passadas, preocupado em proteger e desenvolver meu próprio interesse. Fico cego para as consequências futuras e sou consumido pelo calor do momento. Colocar-me na pele de outrem, e assim ser capaz de compreender o sentido mais profundo das coisas, só é possível de uma postura mais elevada.

A compreensão é o resultado natural de ser conscientemente o observador e o participante ao mesmo tempo. É a única forma de garantir que a felicidade não desapareça sob nenhuma circunstância.

O terceiro aspecto refere-se à visão do valor intrínseco daquilo que está diante de mim. Cada indivíduo vem do mundo das almas e possui os mesmos atributos originais que eu tenho. A forma como eles se expressam pode ser diferente. Não há ninguém que seja inerentemente mau. O que interpretamos como "mau" é de fato apenas fraco. Com isso em mente, tenho uma nova visão dos defeitos dos outros. Eles são apenas a forma enfraquecida e maldirecionada das virtudes.

Unir esses três pontos pode nos ajudar a entender a dinâmica da tolerância. Por exemplo, o *sanskar* de desorganização de alguém tem a condição de me irritar, e uma vez mais essa pessoa deixou uma confusão para que eu limpasse. Sem observar nem compreender, meu *sanskar* de irritação lança-me em nova reação impulsiva. Internamente fico encolerizado: "Por que ele sempre deixa isso para eu limpar? Deveria ter mais consideração por mim!".

Se eu comparar isso ao pano de fundo da eternidade (nós dois somos almas desempenhando nossos papéis), parecerá tão trivial aborrecer-me. Mesmo que eu considere isso no contexto de meu esforço espiritual, será uma chance excelente de lidar com minha irritação. Se considerar não apenas meu ponto de vista, mas também o da pessoa, poderei entender minha irritação e sua desorganização e ter condição de ajudar a ambos. Finalmente, se eu entender que minha irritação e a desorganização da pessoa originam-se das mesmas raízes de fraquezas internas, perceberei que me afastei da fonte de poder, que é Deus, e que tenho de voltar se quiser resolver a situação.

O poder de discernimento não deve ser desperdiçado com o óbvio. Se as coisas são claras, posso chegar diretamente a uma decisão. É quando ficam confusas que tenho de usar os três aspectos citados para chegar à melhor avaliação possível.

Poder de avaliação ou julgamento

A avaliação final é necessária antes de se chegar a uma decisão.

Existe um bom motivo para o símbolo do julgamento ser uma balança. As decisões dependem de uma abordagem precisa das variáveis envolvidas. Isso se baseia na habilidade de atribuir o peso correto a todos os fatores.

Mesmo assim, a qualidade da balança depende do rigor de seu fiel. É necessário colocar pesos equivalentes nos dois pratos, mas o fiel será sempre o ponto crucial. Se eu me interiorizar, fizer esforços para ser um observador isento e compreender o melhor possível, estarei apoiado no ponto de equilíbrio; nem demasiadamente envolvido nem demasiadamente distante, nem grosseiro demais nem sutil demais. Não julgo os outros tanto quanto avalio minhas próprias reações e seus efeitos.

É nesse ponto de equilíbrio que me sinto mais preparado para agir. De fato, a razão pela qual as decisões são fracas é que geralmente não as preparamos bem. Se a decisão for clara, assumirei total responsabilidade de levá-la adiante.

Poder de enfrentamento

O medo é certamente o maior matador do autorrespeito. O curioso é que, se eu realmente entender o processo do ser e as implicações da lei do *karma*, não terei nada a temer exceto a mim mesmo.

Não há ameaça das circunstâncias externas maior do que minha própria predisposição à autossabotagem. Não ativando os passos anteriores descritos neste capítulo, apenas aparentemente estarei à mercê dos caprichos dos outros indivíduos e das situações. A verdade é que estou à mercê de meu próprio despreparo. Fazer o jogo do automartírio à custa de todo o bom senso distancia-me da realidade.

Talvez eu entenda as implicações da autorrealização, mas esteja aprisionado por minhas próprias fraquezas. Como um elevador emperrado entre dois pisos, não posso nem subir às alturas da espiritualidade nem descer para dar sentido à minha vida diária. Tudo isso por não me preparar o suficiente para agir de forma decisiva e responsável.

Realmente não existem dificuldades exceto as que consegui criar para mim mesmo. Só existe uma sucessão de situações diferentes, cada qual requerendo resposta adequada. A habilidade de responder é a medida de minha espiritualidade. Em circunstâncias pacíficas é fácil ser pacífico. Tenho de permanecer igualmente tranquilo nas mais adversas ocasiões. Se a circunstância externa requer paciência e estou determinado a agir aqui e agora, isso reflete alguma anomalia de minha habilidade de responder. Da mesma forma, se a necessidade pede ação resoluta e estou sendo paciente e calmo, isso também mostra quão fora de sincronia me encontro diante das circunstâncias.

Comida feita em casa é considerada mais nutritiva do que a industrializada. Do mesmo modo, o preparo interno e sua diretriz para enfrentar circunstâncias são mais valiosos do que bibliotecas de conselhos "comprados em loja". Se eu mantiver uma única fisionomia no íntimo e no mundo externo, estarei próximo de uma das maiores virtudes: autenticidade. Sendo o mesmo interna e externamente, posso agir em consonância com os fatos. Essa naturalidade inspira também a cooperação dos outros, bem como do tempo e das circunstâncias.

Caminhos bloqueados abrem-se de repente para me deixar passar.

Poder de cooperação

Circunstâncias de luta dentro da *peça* da vida refletem falta de habilidade de prestar atenção, observar, compreender, decidir e assumir responsabilidade pessoal por minhas ações. Elas tornam-se muros nos quais quebro competentemente minha cabeça. Ao aceitar os regulamentos do jogo e dar valor a mim mesmo, aprendo a lidar com as coisas de forma mais harmoniosa. Calor ou frio, facilidade ou dificuldade, aqui ou ali são encarados com a mesma equanimidade.

A habilidade de lidar com as circunstâncias é o primeiro aspecto da cooperação. De acordo com o significado da palavra, cooperar é operar em conjunto com as coisas ao meu redor. Se usar tempo, dinheiro ou minha própria energia física de forma valiosa, eles cooperarão comigo. Torno-me seu mestre e deixo de ser seu escravo.

Se desperdiçar esses tesouros, não poderei esperar sua colaboração. Meu preparo e minhas atitudes corretas inspiram os outros.

Se eu agir de acordo com interesses próprios, meus talentos e capacidades gerarão ciúme e crítica nos outros. Se agir de maneira cooperativa, com o benefício dos outros em mente, esses mesmos talentos e capacidades não apenas inspirarão sua cooperação como também lhes darão um bom parâmetro de seus próprios esforços. Torna-se um prazer partilhar todo o processo de aprendizado.

Os oito poderes em situações práticas

Objetivo: aprender como dar poder ao *eu* para superar situações práticas.

Escolha uma situação que lhe esteja causando dificuldades específicas neste momento e analise-a de acordo com as seguintes perguntas.

Descrição da situação:

1. Se me interiorizar e analisar objetivamente meu lado da história, o que verei? Quais são minhas forças e fraquezas ao lidar com essa situação?
2. Estou sendo afetado de forma adversa por minha experiência passada ou por comentários de outros? Se eu fosse um completo estranho à situação, como a veria em primeira análise?
3. Estou me ajustando facilmente à situação? Já tentei ver a mesma situação da perspectiva dos demais envolvidos? Estarei tentando de forma sutil forçar os outros a se adaptar à minha visão da situação?
4. Mesmo que a situação seja difícil, tenho fé em minha própria resistência? Estarei permitindo que tal situação roube minha paz interna?

5. Entendo a essência do que está acontecendo? Será que vi o benefício oculto na lição que a situação traz para mim? Estarei sendo enganado por uma análise superficial da situação?
6. Se eu tivesse de decidir pelo benefício de todos os envolvidos, o que faria? A decisão está equilibrada e dentro dos limites de respeito e bom senso? Qual é minha decisão?
7. Tenho a coragem e a força de levar adiante minha decisão, aconteça o que acontecer? Caso contrário, o que posso fazer para reforçar o meu poder de enfrentamento?
8. Minhas ações relacionadas à decisão criarão antagonismo ou gerarão cooperação a longo prazo (se não imediatamente)?

Como vejo a cooperação dos outros com minhas ações?

O que mais aprendi ou fui inspirado a pesquisar a partir deste capítulo?

Conclusões

Existe a história de um homem muito simples que vivia num vilarejo distante da chamada civilização. Naquela vila ninguém jamais tinha visto a eletricidade e seus benefícios, nem nada se sabia dela. Um dia, ele visitava a cidade grande pela primeira vez e foi atraído por uma loja que vendia equipamento elétrico. Ele não conseguia acreditar que um bulbo de vidro ajustado a um soquete pudesse produzir luz brilhante como aquela. Em seu vilarejo, pelo que tinha na memória, só se usavam velas ao escurecer, e, mesmo assim, só de vez em quando. Quando perguntou o preço das lâmpadas, não pôde acreditar que fossem tão baratas. Pediu então ao lojista para embrulhar cinco lâmpadas e saiu, feliz da vida.

Apesar de ter visto muitas coisas maravilhosas em sua curta visita, nada era tão incrível quanto as lâmpadas, que guardou embaixo do braço.

Quando voltou ao vilarejo, ele chamou todos para que fossem a sua casa e vissem a maravilha de luz que vinha de um pedaço de vidro. Com grande orgulho e pompa, colocou as cinco lâmpadas sobre a mesa, enquanto os aldeões empurravam-se e acotovelavam-se para chegar mais perto.

Para desânimo de todos, nada aconteceu. Não havia luz alguma. Com raiva, ele amaldiçoou o lojista por ter vendido lâmpadas defeituosas!

Essa história é evidentemente alegórica. Para ter luz é necessário ter lâmpadas, tomadas, fios e cabos elétricos e estar conectado a uma fonte de eletricidade. Em outras palavras, há todo um processo envolvido na produção de luz.

Do mesmo modo, não é suficiente ter exemplos, livros e exercícios sobre como desenvolver luz espiritual. Como alma, tenho as qualidades necessárias para ser *iluminado*. Mas preciso estabelecer todo o processo que garantirá que eu esteja sempre iluminado quando quiser estar. Necessito de uma real ligação com Deus, o gerador de energia espiritual, e não de uma conexão teórica.

À medida que pratico mais a meditação, posso entender realmente o mundo ao meu redor. Para ser capaz de entender o mundo, preciso vê-lo. Para vê-lo, preciso de luz!

Outros lançamentos da Integrare Editora

O Espírito do Líder 1
Lições para tempos turbulentos

Autor: Ken O'Donnell
ISBN: 978-85-99362-36-5
Número de páginas: 160
Formato: 14x21cm

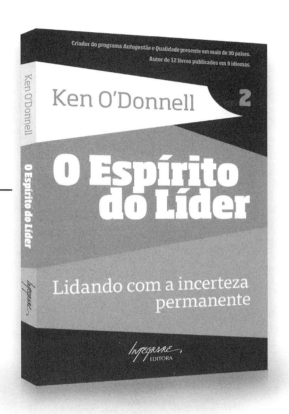

O Espírito do Líder 2
Lidando com a incerteza permanente

Autor: Ken O'Donnell
ISBN: 978-85-99362-55-6
Número de páginas: 128
Formato: 14x21cm

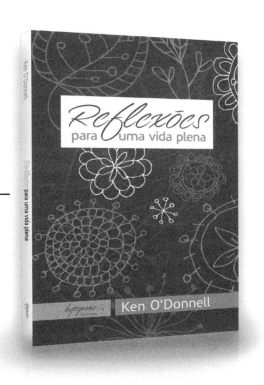

Reflexões para uma vida plena

Autor: Ken O'Donnell
ISBN: 978-85-99362-44-0
Número de páginas: 116
Formato: 14x21cm

CONHEÇA AS NOSSAS MÍDIAS

www.twitter.com/integrare_edit
www.integrareeditora.com.br/blog
www.facebook.com/integrare

www.integrareeditora.com.br